中国公共经济与政策研究

区域竞争：
中国式增长的微观基础

QUYU JINGZHENG:
ZHONGGUOSHI ZENGZHANG DE WEIGUAN JICHU

周 敏 ◎ 著

北京师范大学出版集团
BEIJING NORMAL UNIVERSITY PUBLISHING GROUP
安徽大学出版社

图书在版编目(CIP)数据

区域竞争:中国式增长的微观基础/周敏著. —合肥:安徽大学出版社,2017.11
ISBN 978-7-5664-1441-0

Ⅰ.①区… Ⅱ.①周… Ⅲ.①区域经济－经济竞争－研究－中国 Ⅳ.①F127

中国版本图书馆 CIP 数据核字(2017)第 186366 号

区域竞争:中国式增长的微观基础　　　　周敏　著

出版发行:	北京师范大学出版集团 安徽大学出版社 (安徽省合肥市肥西路 3 号 邮编 230039) www.bnupg.com.cn www.ahupress.com.cn
印　　刷:	合肥华星印务有限责任公司
经　　销:	全国新华书店
开　　本:	170mm×240mm
印　　张:	9.5
字　　数:	141 千字
版　　次:	2017 年 11 月第 1 版
印　　次:	2017 年 11 月第 1 次印刷
定　　价:	29.00 元

ISBN 978-7-5664-1441-0

策划编辑:李　君		装帧设计:李　军
责任编辑:李　君		美术编辑:李　军
责任印制:陈　如			

版权所有　侵权必究

反盗版、侵权举报电话:0551－65106311
外埠邮购电话:0551－65107716
本书如有印装质量问题,请与印制管理部联系调换。
印制管理部电话:0551－65106311

目 录

绪 论 ………………………………………………………………… 1

第一章 相关文献评述 ……………………………………………… 7

一、央地分权和辖区竞争 …………………………………… 7
二、区位—价格竞争 ………………………………………… 13
三、相对绩效评估 …………………………………………… 16
四、重复建设与恶性竞争 …………………………………… 19
五、进入阻挠 ………………………………………………… 22

第二章 多重目标下的央地分权合约 ……………………………… 24

一、引言 ……………………………………………………… 24
二、模型 ……………………………………………………… 27
　　(一)完全信息且地方政府保留效用为零 ……………… 29
　　(二)地方政府外部保留效用为正 ……………………… 34
　　(三)引入非对称信息 …………………………………… 42
三、本章小结 ………………………………………………… 45

第三章 区域同质产品数量竞争 …………………………………… 46

一、引言 ……………………………………………………… 46
二、基于利润的相对绩效评估 ……………………………… 48
　　(一)古诺博弈 …………………………………………… 48
　　(二)斯塔科尔伯格博弈 ………………………………… 49

三、基于产量的相对绩效评估 ·· 57
　　（一）古诺博弈 ·· 58
　　（二）斯塔科尔伯格博弈 ·· 64
四、本章小结 ·· 71

第四章　区域差异化产品竞争　　　　　　　　　　　73

一、引言 ·· 73
二、基于利润的相对绩效评估与重复建设 ································ 74
　　（一）价格竞争 ·· 76
　　（二）选址竞争 ·· 81
三、基于产量的相对绩效评估与恶性竞争 ································ 87
　　（一）价格竞争 ·· 87
　　（二）区位竞争 ·· 88
四、本章小结 ·· 93
附录 ··· 95

第五章　经营城市视角下的招商引资和房产开发　　　97

一、引言 ·· 97
二、模型 ·· 98
　　（一）房地产市场的生产函数和房屋供给量 ······················· 98
　　（二）开发商的自由进入和土地价格的决定 ······················· 99
　　（三）消费者选择和房地产需求的确定 ····························· 99
　　（四）招商引资和居民收入的决定 ··································· 99
　　（五）房地产市场出清 ·· 100
　　（六）房产用地和工业用地比率的确定 ···························· 101
　　（七）数值模拟结果 ··· 105
三、本章小结 ··· 106
附录 ·· 108

第六章　区域招商引资竞争
——基于中国省级面板数据的实证检验 …… 118

- 一、引言 …… 118
- 二、模型与数据 …… 119
  - (一)指标选取 …… 120
  - (二)计量模型 …… 122
  - (三)数据说明 …… 123
- 三、计量结果与分析 …… 124
  - (一)相对绩效 …… 124
  - (二)财政分权 …… 126
  - (三)公共品供给 …… 126
  - (四)经济发展水平 …… 127
- 四、稳健性检验 …… 128
  - (一)相对绩效 …… 130
  - (二)财政分权 …… 130
  - (三)公共品供给 …… 131
  - (四)经济发展水平 …… 131
- 五、本章小结 …… 132

第七章　结论及政策含义 …… 133

参考文献 …… 138

绪　论

改革开放以来,中国经济经历了三十多年的高速增长,创造了举世瞩目的"中国奇迹"。在此过程中,央地分权和由此产生的地方竞争扮演了非常重要的角色。在原有的计划体制下,中央政府高度集权,极大地压制和束缚了地方发展经济的主动性和积极性,造成了巨大的效率损失。通过央地分权,地方政府获得了前所未有的决策自主权,能够根据当地的条件"因地制宜"地选择合适的发展方略,极大地提高了经济系统的运行效率。

人们通常从委托—代理角度来探讨央地分权的经济影响。中央政府是合同的提供者,即委托人,地方政府是合同的接受者,即代理人。委托代理关系有两个显著特征:第一,委托人与代理人具有目标差异;第二,委托人与代理人之间具有非对称信息。如果委托人与代理人目标一致,委托代理就不会产生任何效率问题;同样,如果没有信息不对称(以及有限责任约束等),委托人也总是可以实施最优效率的。

按照哪一方处于信息劣势,委托—代理关系可以分为两大类。第一种,委托人具有信息优势,而代理人处于信息劣势,这即是知情委托人(Informed Principal)模型。此时的核心问题是信号传递(Signaling),委托人往往需要通过提供不同的合同来显示自己的类型。第二种,代理人具有信息优势,而委托人处于信息劣势,这即是非知情委托人(Uninformed Principal)模型。此时的核心问题是甄别(Screening),委托人往往需要通过提供不同的合同菜单来甄别代理人的类型。

对照现实,在绝大多数情况下,地方政府对中央政府制定各项政策的动机是清楚的,而中央政府对地方政府在落实各项政策措施的能力和态度上则是不确定的。也就是说,中央政府通常处于信息劣势。

因此,为了使地方政府切实有效的落实各项政策,中央政府还要充分考虑地方政府的逆向选择(Adverse Selection)和道德风险(Moral Hazard)问题。

在原有计划体制统收统支的财政管理制度下,地方政府既不对投入负责,也不对产出负责。这相当于地方面临的是一种"弱力合同"(Low-Powered Contract),必然造成地方激励不足。

央地分权是提高地方积极性的关键举措。改革初期,中央政府对地方实施了"放权让利"和"承包制"等政策改革。其主旨是,地方向中央缴纳固定数量的利润或税收,其余的收益则归地方所有。这相当于中央政府将原有的"弱力合同"改成了"强力合同"(High-Powered Contract),极大地提高了地方从事生产的积极性。①

然而,事物总有两面性,一些新的问题应运而生。第一,由于地方政府只上缴固定份额的利润,使得中央财政占整个财政的比例逐年下降,中央政府难以分享经济增长带来的巨大好处,②这极大地削弱了中央政府对整个经济的宏观调控能力。第二,在强力合同下,中央收取固定收益,而地方却承担了所有风险。为了避免风险,地方往往不愿意开展那些预期收益高但风险大的项目。因为一旦地方开展了高风险项目结果却失败了,地方将无法上缴固定收益。基于此,地方出现了"负盈不负亏"的现象。第三,相对而言,中央政府比地方政府的目标更加多元化,简单的央地分权会导致地方政府过度关注某些有利可图的项目,忽视那些重要但无利可图或者难以在短期内产生收益的项目,因此带来"短期化"和"偏向化"问题。

---

① 家庭联产承包制就是一种典型的"强力合同"。人们对此合同下农民的收益有一个朴素而形象的描述,"交够国家的,留足集体的,剩下的都是自己的"。正因如此,农民从事生产的积极性极大地提高了,很快就解决了原有体制下粮食极端短缺的困境。作为对比,在"人民公社"的"大锅饭"下,干多干少一个样,人们从事农业生产的积极性非常低下。

② 基于同样的道理,当中央政府向地方"放权让利"和实施"承包制"时,中央政府也难以分享到经济增长的好处,进而造成了财政占GDP的比重也逐年下降的结果。值得一提的是,"两个比重"下降是促成1994年分税制改革的重要原因。

委托代理理论为上述问题提供了一些针对性的解决方案。

针对强力合同下代理人过度承担风险的问题，委托人可以通过提供分成合同来解决。利润分成合同实质上是激励与风险之间的博弈。利润分成必然会降低对代理人的激励，但也会降低代理人所承担的风险。而对委托人来说，利润分成有助于分享经济增长带来的好处。我们认为，1994年中国政府推行的分税制改革就有这样的动因。

事实上，合同的激励强度，取决于代理人努力程度与其所得之间的依赖关系。任何合同都必须签订在那些可以公开观测并为第三方验证的变量上。很显然，在可观测变量与不可观测的代理人努力之间必然不能存在一一对应的关系，否则委托人就可以通过可观测变量而反推出代理人的努力。换句话说，可观测变量必然是代理人努力与某个委托人也无法观测的随机冲击共同作用的结果。这样，分成合同的激励强度，就依赖于可观测变量与努力之间的相关关系。如果可观测变量主要是由随机冲击决定的，分成合同的激励强度就大打折扣了。在此情况下，如果委托人能够找到某种合同"过滤"掉随机冲击的作用，这种合同对代理人的激励程度就会大幅增加。

锦标赛或相对绩效评估就是这样一种激励合同。其作用机理是，一个委托人面临多个代理人，而所有代理人的"产出"都受某个共同冲击的影响。但是，如果将某个代理人的产出与所有代理人的平均产出相减，其差值就与这个共同冲击无关。正因如此，如果委托人向代理人提供的激励合同签订在这个差值上面，代理人的努力程度就会提高。

1994年分税制改革，制定了央地之间的利润分成合同，让中央与地方共担经济发展中存在的风险，也共享经济发展带来的好处。但是，与之前的"放权让利"或"承包制"合同相比，对地方政府的激励强度有所下降。为了解决激励不足的问题，中央政府对地方政府又实行了以GDP锦标赛为特征的相对绩效考核。

然而，锦标赛制度也有其两面性。为了提高自己的绩效水平，地方政府努力提高自己的GDP表现，这与中央政府的目标是一致的，因而是"好"的激励；但地方政府的行为是尽力降低竞争对手的GDP表现，这与中央政府的目标是相悖的，因而是"坏"的激励。

由 GDP 锦标赛所引发的"好"的和"坏"的激励,在中国经济发展过程中表现得淋漓尽致。一方面,为了提高本地的 GDP 水平,各地方政府都不遗余力地改善基础设施,大张旗鼓地招商引资;另一方面,各地方为了降低其他地方的 GDP 绩效,也毫不吝啬地采取一些"以邻为壑"的竞争战略,带来重复建设和恶性竞争的发展桎梏。

如前所述,中央政府的目标是多元化的,但在 GDP 锦标赛考核体系下,地方政府官员的升迁主要与可以观测的 GDP 指标相关,而与民生等一些"难以度量"的指标没有明显的关系。由此,GDP 锦标赛导致的一个直接后果就是,尽管社会目标是多任务的,但各地方过度关注 GDP,而忽略民生指标,使得近年来在中国经济高速增长的同时,各种民生问题却日益严重。

对于多任务下的激励扭曲问题,既有理论给出的解决方案大致有两种。第一种是提高被忽视的目标的考核权重。比如说,为了改善民生,中央政府在对地方政府的考核中就应该增加民生指标的权重。当然,这种方案有一个基本的前提,即被忽视的指标在本质上是可以观测和度量的。如果这个基本条件不满足,中央政府就要考虑采取第二种解决方案,即降低对可观测指标的激励强度。

上面,我们从合同理论的角度,对央地分权与相对绩效评估下区域竞争作了一个简要的梳理,本章将循此思路对其中的一些问题进行更加深入的研究。我们在第一章对相关文献作了回顾和评述。第二章、第三章、第四章、第五章和第六章是本书的主体部分。第七章对本书的相关内容进行了总结,并提出对应的政策建议。

第二、三、四章的研究框架如图 0.1 所示。

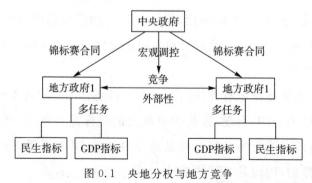

图 0.1 央地分权与地方竞争

在第二章中,我们从"纵向"的视角讨论了央地目标差异对分权合同中利润分成的影响。从委托代理角度看,中央政府与地方政府的目标必然存在差异,这必然会影响央地分权合同的制定和实施。具体来说,中央政府关注多个目标之间的协调发展,而地方政府在施政过程中却有积极性通过非协调发展来获得一些"额外收益"。基于此,中央向地方提供分权合同时,就需要解决两方面的激励问题:第一,对地方政府要有充分的整体激励;第二,地方政府要在多任务之间有合理的激励分配。

在第三章和第四章,我们从"横向"视角考察了以GDP锦标赛为特征的央地分权对区域竞争的影响。很显然,面临相对绩效评估体系,各地方的决策必然是策略相关的;也就是说,一个地方的决策必然会对另一个地方施加或正或负的外部性。在这一部分,我们主要关注了"恶性竞争"和"重复建设"问题。我们假设每个地方都有一个企业,而它们之间的竞争就代表了地区之间的竞争。因为在财政分权体系下,每个地方政府都对当地企业,尤其是国有企业具有很强的实际影响力甚至控制力,所以各地方企业的决策很大程度上反映了各地方政府的意志。加之,国有企业的老总本身就是由政府任命的,所以,我们的假设有其合理性。

在第三章,我们将相对绩效评估引入同质产品博弈。按照博弈时序,我们考虑了古诺博弈和斯塔克尔伯格博弈;按照相对绩效的考核方式,我们区分了基于利润和基于产量的两种相对绩效。我们发现,不管是哪种相对绩效,相对绩效考核强度的增加都会激化区域间竞争。如果相对绩效评估强度超过一定的临界值,地区之间就会出现恶性竞争。

在第四章,我们又将相对绩效评估引入差异化产品博弈,在此框架下,我们不但考虑了恶性竞争,还考虑了重复建设问题。从概念上,项目建设的"重复性"可以理解为产品选择的同质性。我们发现,不管是哪种相对绩效,相对绩效考核强度的增加都会激化区域间竞争。如果相对绩效评估强度超过一定的临界值,地区之间就会出现重复建设。

第五章构建了一个简单的模型,从经营城市的视角分析了城市的土地政策。土地财政实际上包括两个相互关联的部分,一是土地引资,二是房产开发。城市政府无法从土地引资中获得直接的收益,但增加工业用地(如用于基础设施建设)能够提高企业雇佣劳动的边际产出,因而在给定劳动工资的情况下,这会提高劳动雇佣量和居民的劳动所得,进而提高市场的房产需求;此外,增加工业用地意味着减少用于商住房产开发的土地,进而房产供给减少。总之,将需求面和供给面综合起来看,增加工业用地必然会提高房产价格,也就会提高住宅用地的拍卖价格。然而,高房产价格却不一定意味着高土地财政,因为城市政府的土地出让金收入是单位住宅用地的拍卖价格和住宅用地的乘积。因此,从土地财政的视角看,城市政府需要选择合适的工业用地比例来最大化土地出让金收入。

第六章利用全国范围内省份和东部、中部、西部三大区域范围内省份的面板数据,对GDP相对绩效、央地财政分权程度、公共品供给、经济发展水平如何影响外商直接投资进行了实证检验。研究发现:(1)在全国、东部、西部省份,GDP相对绩效对吸引外商直接投资具有正向的激励作用,而在中部省份则不明显。(2)在全国、东部、中部省份,财政分权程度越高越有利于当地招商引资竞争,而在西部省份则不明显,甚至可能存在抑制作用。(3)在全国、东部、西部省份,交通类生产性公共品对吸引外商直接投资具有正向的影响效应,而教育和医疗类消费性公共品则表现出抑制作用,中部省份则相反。(4)经济发展水平越高的省份对外商直接投资具有更大的吸引力。最后,我们指出地方政府为了赢得地区间招商引资竞争要注重GDP相对绩效以及公共品供给结构的差异。

第七章对本书前面的分析进行了简单的总结,讨论了其中可能蕴含的一些政策含义以及本书分析的不足和有待进一步拓展的地方。

第一章
相关文献评述

央地分权是影响中国经济增长的非常关键的一个因素。如绪论所述，本文分别从纵向和横向两个维度考察了分权的形式和影响。首先，我们考虑了央地目标差异对央地分权合同运行的影响。然后，我们考虑了央地分权的横向影响，即考察相对绩效评估体系下的区域竞争，其中重点关注的是长期困扰中国经济发展的"恶性竞争"和"重复建设"。

与本文分析内容相对应，我们从以下几个方面综述和评价相关文献：第一，央地分权与辖区竞争；第二，区位—价格竞争；第三，相对绩效评估；第四，重复建设与恶性竞争；第五，进入阻挠。

一、央地分权和辖区竞争

改革开放以来，央地分权是促进中国经济高速增长的重要的制度基础。但是，央地分权并不是改革开放以后才出现的。实际上，即便是在原有的计划体制下，中央政府也深刻认识到向地方分权的必要性，也曾多次尝试对地方进行分权。对于央地分权的必要性，毛泽东主席在著名的《论十大关系》中就有过精辟的论述：

> 中央和地方的关系也是一个矛盾。解决这个矛盾，目前要注意的是，应当在巩固中央统一领导的前提下，扩大一点地方的权

力,给地方更多的独立性,让地方办更多的事情。这对我们建设强大的社会主义国家比较有利。我们的国家这样大,人口这样多,情况这样复杂,有中央和地方两个积极性,比只有一个积极性好得多。我们不能像苏联那样,把什么都集中到中央,把地方卡得死死的,一点机动权也没有。

毛泽东:《论十大关系》①

但实践表明,在原有的计划体制下,央地分权或集权最终都陷入了"一抓就死,一放就乱"的怪圈,而改革开放以来的央地分权却极大地促进了中国经济的发展。

同样是央地分权,为什么在结果上却会形成如此之大的差异?回过头来看,其本质原因或许就在于微观经济基础的不同。在计划体制下,央地分权只是决策权在中央与地方之间的分配,其结果不过是形成了多个控制范围较小的"中央政府"而已,经济体系的运行机制并没有发生本质上的改变。与此相对,改革开放以来中国经济逐步实现了从计划体制向市场体制的转轨,在央地纵向分权的同时,还有政府向市场的横向分权。正是这种纵向分权与横向分权的结合,才真正推动了中国经济的高速发展。

在央地分权中,占有核心地位的是财政分权。就财政分权与经济增长之间的关系来看,既有文献主要是与财政联邦主义(Fiscal Federalism)理论相关。而财政联邦主义有两个版本。

首先是第一代财政联邦主义,主要是由 Tiebout(1956)、Musgrave(1959)以及 Oates(1972)等人所提出和发展的。该理论关注公共部门职能和财政在不同层级政府之间的划分,其中主要涉及 Musgrave 提出的三大财政职能(资源配置职能、分配职能、稳定职能)在各级政府级次的划分。

关于财政分权的合理性,第一代财政联邦主义认为,公共品包括全局公

---

① 这十大关系分别是:一、重工业和轻工业、农业的关系;二、沿海工业和内地工业的关系;三、经济建设和国防建设的关系;四、国家、生产单位和生产者个人的关系;五、中央和地方的关系;六、汉族和少数民族的关系;七、党和非党的关系;八、革命和反革命的关系;九、是非关系;十、中国和外国的关系。不难发现,其中的一些关系,至今仍然是中国社会面临的基本重大问题。

共品和地方公共品两种(前者如国防,后者如中小学教育)。尽管中央政府在提供全局公共品上具有规模经济,但地方政府在提供局部公共品上则有明显的效率和信息优势。首先,居民具有多样化偏好。受制于信息约束的限制,中央集权政府按照统一标准提供的公共产品很难满足居民多样化的偏好,而地方政府在公共支出决策过程中,能够根据本地偏好选择合适的局部公共品。其次,地方政府在提供当地化公共品方面也具有效率优势。这背后有两种不同的作用机制。一是"用手投票"机制,即通过选民合法选举产生的地方政府在地方公共产品需求方面,比中央政府更具信息优势,而且选举机制本身对政府官员的行为构成了约束和激励,要求地方政府提供最适量的公共产品以满足居民需求。二是 Tiebout 提出的"用脚投票"机制,即各个辖区政府提供各不相同的税负和公共产品组合,居民可以根据自己的偏好选择不同的辖区居住,从而实现公共产品的最优配置和社会福利最大化。

第一代财政联邦主义的结论依赖于一系列严格的假设条件,主要包括:仁慈政府(Benevolent Government)、人口流动不受限制、存在大量辖区政府、各辖区政府税收体制相同、地方公共产品无外溢性等。各地方政府提供的公共支出和税负组合不尽相同,因而各地居民可以根据各地方政府提供的公共支出和税负组合,自由选择那些最能满足自己偏好的地方定居。

但是,上述假设条件在现实中,尤其是在中国这样的发展中转轨国家很难满足。比如说,与"仁慈政府"的假设相对,由自私个人所组成的政府也应该是自私的,它向市场个体伸出的不必然是"援助之手",也有可能是"掠夺之手"。再比如,在许多国家,地方政府是向上负责而不是向下负责,因而选民对地方政府决策的约束机制大打折扣。

鉴于第一代财政联邦主义理论的不足,钱颖一和温格斯特(Qian and Weingast,1997)提出了"第二代联邦制理论"。在他们看来,财政联邦制不必然是好的,它既可以是市场维护型的(market preserving federalism)、市场创造型的;也可以是市场扭曲型的(market distorting federalism)、市场抑制型的(market suppressing federalism)。改革开放以来的中国是前一种情况的代表,而苏联解体之后的俄罗斯则是后一种情况的代表。

与"第一代联邦制理论"相比,"第二代联邦制理论"放弃了"仁慈政府"的假设,强调政治和财政激励对政府行为的重要性,其研究内容也不再局限于财政问题,扩大到开始研究政府和经济主体之间的一般关系。

这种理论的发展与人们对转轨国家的研究是紧密相连的,而人们关注的其中一个焦点是中国与俄罗斯以及东欧国家在经济转轨上的巨大绩效差异。人们普遍认为,两个国家在经济组织结构上的巨大差异是非常重要的一个原因。按照钱颖一等人的解释,即便同样是在计划体制年代,中国的"计划"水平要远远低于苏联,因而中国社会更多地带有 M 型管理结构的特性,其中经济资源主要是按照"块块"来配置的,而苏联更多地带有 U 型管理结构的特性,其中经济资源主要是按照"条条"来配置的。

认识到"条条"和"块块"的差别,对于认识分权的可能性和有效性是非常关键的。在"条条"配置下,中央政府的作用至关重要,只有它才能协调各"条条"(职能部门或产业部委)之间的关系。正因如此,在此情形下的央地分权,实际上只是决策权力在各"条条"内部、上下级之间的重新分配,这不会改变"条条"之间的分割问题。所以,一旦中央政府失灵,地方政府就难以协调各职能部门之间的关系,进而整个经济体系会迅速崩溃。这正是前苏联解体之后,在原各加盟共和国内发生的事情。

中国当然也存在"条条"分割,这或许也正是导致计划体制下央地分权难以奏效的重要原因。但与俄罗斯相比,中国的"块块"要强大得多,除了中央政府,各地方政府也具有领导和支配地方资源的权力。① 一旦中央向地方分权,地方政府就可以支配和动员当地的各种资源来进行各种可能的政策实验。由于地方政府更加熟悉并容易收集当地的分散化信息,因而更有可能制定和实施因地制宜的政策措施,这无疑会极大地提高经济体系的运行效率。

计划体制的一个重要弊端是无所不在的预算软约束问题。与之对应,

---

① 中国"块块"比较强大,与中国共产党早年建立革命根据地的经验是有一定联系的。那时候,尽管有中央苏区,但各根据地之间的是相互孤立和分割的,因而必须自力更生才能存活下来。在中苏关系交恶之后,中国政府为"备战备荒"而进行的一系列政治经济安排,进一步强化了"块块"的作用。

财政分权的一个好处就是硬化了中央政府对国有企业的预算约束,有助于提高它们的经济效率(Qian and Roland,1998)。

鉴于中国经济的 M 型特征,央地分权之后每个地方都能够形成相对独立的经济体。与之对应,中央政府就可以通过比较各地方的运行绩效来对地方政府进行考核,从而促成有效的区域竞争。周黎安(2004,2007)把改革开放以后的中国政府间关系看成一个类似企业内部的承包制,通过政府逐级实施公共职能外包,并辅之以锦标赛的考核方式,不仅使得地方政府拥有了可观的自由处置权,而且大大激励了地方政府促进市场的行为。

对于区域竞争与效率之间的关系,第二代财政联邦主义同样强调了前面提到的"用脚投票"机制。具体来说,财政分权形成了地方的多中心利益格局,地方为追求自身利益最大化必然对流动要素展开竞争,而要素的流动性意味着,如果某个地方政府提供的硬件(如基础设施)或软件(如经营环境)不好,流动要素(主要是资本)就会逃离这个地区。这种"用脚投票"机制约束了"列维坦",不但可以硬化地方政府预算约束,还可以减少地方政府的寻租行为。

尽管财政分权有诸多好处,但也会造成严重的不利后果。首先,它会导致严重的区域分割,阻碍区域之间的合作与协调发展。尽管每个地方都有积极性提供当地化的公共品,但却会忽视那些具有外部效应的公共品。典型的例子就是教育和医疗,每个地方都希望其他地方提供这些公共品而自己可以免费"搭车"。其次,区域竞争往往会加剧区域不平等,而"恶性竞争"(race to bottom)会导致对流动要素和固定要素的歧视性税收。典型的例子就是招商引资,各地方为了提高 GDP,对外商伸出"援助之手",提供超国民待遇,而对本地企业则伸出"掠夺之手",经常进行"乱摊派"等。

基于上述正反两个方面的考虑,Breuss and Eller(2004)认为,分权和经济增长之间实际上存在一个倒 U 型关系,存在一个最优财政分权程度,分权不足与分权过度都是不好的。

那么,在中国是否也存在一个最优的财政分权程度呢?就此问题,许多学者研究了财政分权,尤其是 1994 年分税制改革对中国经济增长的影响。Jin,Qian and Weingast(2005)基于 1982—1992 年省级面板数据的实证研究表明,分税制改革之前中国省级政府的财政激励促进了市场发展。但其他一些研究却认为,中国财政分权对经济增长的整体影响是负的,这表明分权过度了(Zhang and Zou,1998,2001)。或许下述观点可以看成上述两种观点的一种协调,张晏和龚六堂(2005)根据1986—2002年的扩展样本做了结构变化的邹检验,发现在1994年分税制以前,强化分权不利于增长,但在此之后,强化分权却会促进经济增长。他们还发现,财政分权效应也存在明显的跨时差异和地区差异。

当然,经济分权并非是促进地方政府大力发展经济的唯一因素。20世纪90年代末期以后,文献开始更多地关注转轨国家,尤其是中国,所具有的特殊政治激励。与其他国家相比,中国在进行经济分权的同时,仍然保持了强有力的政治集权。这为经济发展提供了必不可少的稳定的政治和社会环境。与那些因为政治体制激烈变动而陷入经济混乱的国家相比,"稳定压倒一切"对中国经济高速发展的重要性和必要性是不言而喻的。除此之外,政治集权还让中央政府能够向地方政府(官员)制定和实施行之有效的政治激励,这主要体现在以GDP为主的政绩考核机制(Li and Zhou,2005)和以此为基础的官员任免制度。

Blanchard and Shleifer(2001)通过对中国和俄罗斯进行比较,强调了中国的经济分权与政治集权之间的纽带。俄罗斯的中央政府对地方政府的控制力较弱,地方政府缺乏推动经济发展的政治动力。而中国的经济分权伴随着政治集权,在GDP锦标赛的晋升体制下,地方官员为了能够在政治科层中获得升迁,就有很强的动力去推动和促进地方经济的快速发展(周黎安,2004)。与之类似,Tsui and Wang(2004)也认为,中国自治性不强的财政分权和垂直控制的行政管理体制为区域经济增长提供了不竭的动力。与之前文献的标尺竞争相比,中国地方政府面临的锦标赛有其独特性。前者刻画的地方政府是向下对选民负责的,但后者刻画的地方政府则具有向上负责的强烈色彩。也就是说,面临来自中央政府的政绩考核,地方政府具有了"为增长而竞争"的强烈政治激励。

到底是向下负责更好,还是向上负责更好?这或许是一个仁者见仁、智者见智的事情,但至少截至现在,中国的这种向上负责的政治体制在推动经济转轨和经济增长方面还是很成功的。我们认为,这种有效性实际上来自于 GDP 在多大程度上代表了民众的福利。从概念上讲,如果 GDP 是民众福利的"充分统计量",那么,自上而下的基于 GDP 的考核机制就既能起到激励地方政府的作用,又能节省民主决策过程的巨大成本。在改革初期,中国社会最主要的矛盾是"人民群众日益增长的物质和文化需求与相对落后的社会生产力之间的矛盾",所以,推动 GDP 增长就与推动民众福利是基本一致的。与之对应,此阶段中国的改革更多地体现为"没有失败者"的帕累托改进过程。但是,当经济发展到一定阶段时,民众的需求日益多元化,如何充分收集和利用分散化的民众偏好信息就变得日益重要。与之对应,向上负责的标尺竞争,尽管避免了经济政策的决策成本,但也会导致决策失误的巨大社会成本。

从上面的综述可以看出,已有文献主要是从委托—代理关系的角度考虑了央地分权对地方激励或努力的影响,由此得到了一系列深刻的见解。但需要注意到的是政府是调节各种社会关系的政治和经济组织,它面临的任务并不是单一的,而是多维度的。从这个角度看,当中央政府向地方政府分权时,就不但要考虑地方政府的"整体努力",还要考虑这个整体努力在多个维度上的"协调"分配。这也正是本文所重点关注的问题之一。

二、区位—价格竞争

在经济学文献中,针对差异化产品竞争主要有两种分析框架。一种是基于代表性消费者方法(Spence,1977;Dixit and Stiglitz,1977;Krugman,1979),其中产品差异化是由代表性消费者的多样性偏好来刻画的;另外一种是区位分析框架,其中产品差异化是由"交通成本"来刻画的。本书在分析重复建设和恶性竞争时用的是后一种分析框架。

Hotelling(1929)的开创性工作奠定了分析差异化产品竞争的区位模型框架。他考虑了一个"线性城市",其中有相互竞争的两个企业,它们生产"同质产品"。消费者均匀分布在线性城市上,他们对该产品都有单位需求,即要么不购买,要么购买一个单位。消费者到企业购买产品时,不但要支付产品价格,还要支付交通成本,他假设交通成本是距离的线性函数。在区位模型中,交通成本是一个至关重要的概念。因为引入交通成本之后,对任何消费者而言,不同位置的"同质产品"就变得有差异了。

Hotelling(1929)考虑了一个两阶段区位—价格竞争。第一阶段,两个企业选择他们在线性城市中的位置,这实际上相当于产品选择;第二阶段,它们在位置给定的情况下进行价格竞争。他求解了这个两阶段博弈,并由此提出了著名的"最小化差异原理"(Principle of Minimum Differentiation):相互竞争的企业最终会选址在相同的位置,即市场竞争会导致"最小化产品差异"。"最小化差异原理"的应用在现实中随处可见。比如说,麦当劳和肯德基通常会选址在差不多的地方;在美国的两党选举下,不论是共和党还是民主党,为了争取中间选民,都不会提出极端("极右"或"极左")的竞选纲领。

但 d'Asprement, et al(1979)发现,Hotelling(1929)的分析存在一个重要的技术缺陷。如果交通成本是线性的,那么,第二阶段价格竞争可能不存在纯战略纳什均衡。具体来说,如果两个企业的距离"很近",那么,给定对手企业采取"均衡"价格,某个企业只要稍许降价就能将所有的市场抢过来。但这个企业维持此价格也无法构成均衡,因为对手会"以其人之道还治其人之身",只要制定稍许更低的价格就会把整个需求抢过去。这样一个过程可以一直进行下去,直到两个企业都定价在边际成本并获得零利润,此时每个企业自然没有继续降价的积极性了。但价格等于边际成本显然也无法构成均衡。其原因是,只要两个企业不在同一位置,那么,给定对手定价等于边际成本,某个企业稍许提高价格并不会丧失所有需求,但它由此可以获得严格正的利润。

对此问题,d'Asprement, et al(1979)也给出了解决方案。他们证明,如果交通成本具有平方形式,则不管两个企业的位置如何,价格竞争的纳什均衡都是唯一存在的。

沿着 d'Asprement, et al (1979)的思路,Neven(1985)更加严格地考察了与平方交通成本对应的两阶段选址—价格竞争,证明了唯一的子博弈完美均衡符合的是"最大化差异原理"(Principle of Maximum Differentiation),

即两个企业分别选址在线性城市的两个端点,而均衡价格等于交通成本系数。其原因是,每个企业在选址时,都有两个方面的考虑。一方面,给定对手的位置,选址越靠近对手,它就越能抢夺对手的市场,这种"抢生意"效应使它们有积极性向中央靠近。但另一方面,两个企业位置越近,它们的产品差异越小,价格竞争也就越激烈。为了尽可能发挥它们的垄断力量,两个企业都有积极性通过扩大产品差异而避免激烈的价格竞争。对应于平方交通成本,每个消费者购买不到自己最中意产品的"误配成本"是非线性增加的,垄断效应占优于"抢生意"效应,所以两个企业会分别选址于线性城市的两个端点。

Economides(1987)考察了更加一般的交通成本形式 $T = z^{\alpha}$(其中 T 表示交通成本,z 代表距离,而 $1 \leq \alpha \leq 2$)。结果表明,最小化差异原理总是不成立的,除非 α 很大(比较接近于 2 时),且最大化差异原理一般也是不成立的。

对照上述分析,相关文献的一个重要主题是深入探讨最小化差异原理的有效性。首先,鉴于线性交通成本下最小化差异原理失效的原因是企业相距很近时价格竞争不存在纯战略纳什均衡,一些文献考虑了混合战略(Dasgupta and Maskin, 1986; Shaked, 1982),但 Gal-Or(1982)表明,尽管引入混合战略解决了均衡的存在性问题,但并不足以恢复最小化差异原理。不过,Bester et al (1996)证明,当交通成本具有平方形式时,引入混合战略可以使 Neven 的最大化差异原理失效,并有可能恢复 Hotelling 的最小化差异原理的有效性。

其次,鉴于增加产品差异的目的是为了避免激烈的价格竞争,人们从限制价格竞争的角度考察了恢复最小化差异原理的可能性。一些文献表明,如果消费者偏好的异质性很大(Palma et al, 1985),或产品具有一些消费者无法观察的隐藏属性(Rhee et al, 1992),消费者的购买行为将具有一定的概率性,而这又可能促使所有企业都选址在中心位置。另外一些文献则考虑了存在串谋(Jehiel, 1992; Friedman and Thisse, 1993),或者企业可以采取价格匹配(Price Matching)策略(Zhang, 1995)时最小化差异原理生效的情形。

第三，Irmen and Thisse（1998）考虑了存在多维度产品差异情形下的选址问题，发现相互竞争的企业只会在主要维度上实行最大化差异，而在所有其他次要维度上会实行最小化差异。他们由此得出结论：在多维度产品差异情形下，Hotelling 的最小化差异原理"几乎是对的"。此结论实际上是很符合直觉的。比方说，除了选择位置，两个企业还要进行研发活动，它们就会分别选址在线性城市的两端以避免激烈的价格竞争，但会选择类似的研发项目以尽可能享受来自对方的正溢出效应（Piga and Poyago-Theotoky, 2005）。

与已有文献相比，本文为恢复最小化差异原理的有效性提供了一种新的思路。如果说上述文献主要采取了限制价格竞争进而削弱扩大产品差异化的"离心力"的方法，本文模型则是采取了引入相对绩效评估进而增加缩小产品差异化的"向心力"的办法。具体来说，与 Neven（1985）一样，本文也在具有平方交通成本的 Hotelling 模型上考虑了区位——价格竞争问题，两个企业先进行选址（或产品）竞争，然后进行价格竞争。所不同的是，本文参照 Palley（1995），假设两个企业面临混合绩效评估，即每个企业的"实际收益"不光依赖于自己的利润（绝对绩效），还依赖于他们的利润之差（相对绩效）。如果它具有更好的相对绩效，它会得到奖励，反之则会受到惩罚，而奖励和惩罚与利润之差的敏感度代表了相对绩效评估的权重。我们通过逆向归纳法求解了与此两阶段博弈所对应的子博弈完美均衡。结果表明，对应于不同的相对绩效评估权重参数，本书中的模型可以得到包括最小化差异原理、最大化差异原理等在内的各种结果。

三、相对绩效评估

刚才的文献回顾显示，如果将相对绩效评估引入 Hotelling 模型，则区位——价格竞争博弈的结果会发生很大的变化。为了说明相对绩效评估的合理性和重要性，在此我们有必要对此方面文献作一个简要评述。

首先需要指出的是，相对绩效评估并不是一个崭新的现象或概念，它在现实中已有广泛的应用，在契约理论文献中也已经有深入的讨论。

Holmstrom(1982)和 Nalebuff and Stiglitz(1983)较早地从委托—代理角度探讨了引入相对绩效评估的合理性。不妨假设委托人是风险中性的,代理人是风险规避的,而产出(可观测)不仅依赖于代理人的努力水平(不可观测),也依赖于一些其无法控制的随机因素。在此情况下,委托人在提供契约时就会面临保险与激励的两难问题,结果只能实现次优解;为了保证代理人的努力激励,其报酬就必须与产出正相关,但若这样,代理人将承受由其无法控制的随机因素而造成的风险。① Holmstrom(1982)的洞见是,如果上述随机冲击是多个代理人所面临的共同冲击,那么,将代理人的报酬与其他的相对绩效挂钩就可以解决保险问题(既然他们的产出都包含这个共同冲击,差分就会将其消除掉,这在道理上与计量经济学者中消除固定效应是完全一样的),进而可以改进社会效率。

Gibbons and Murphy(1990)发现,企业 CEO 们的工资上调概率或幅度与其所在企业的绩效正相关,但与该企业所在行业或市场的总体绩效负相关。根据他们的分析,企业绩效与行业绩效的差值在本质上度量了 CEO 们工作努力的相对绩效,因为这种差分消除了各企业所面临的行业层面的随机冲击因素。Lakonishok et al(1992)的经验分析表明,基金的相对业绩表现与其新吸纳的投资呈现明显的正相关关系,而 Chevalier and Ellison(1997)以及 Sirri and Tufano(1998)也有类似的发现。与之对应,基金经理们在进行投资决策时,往往有随大流的动机:如果他们采取了与大家类似的投资策略,成功说明其决策正确,进而可以获得丰厚的报酬;而若失败了,则可借口说是环境使然,因为大家都不过如此而已。基于这样的基本思路,Scharfstein and Stein(1990)和 Palley(1995)分别从不同角度解释了投资行为中普遍存在的"羊群效应"(Herd Effect)。

从机制设计的角度看,引入相对绩效评估也会带来新的问题。Gibbons and Murphy(1990)指出,在组织内部引入相对绩效评估就有可能导致如下

---

① 一级最优有两个特征:第一,代理人需要提供社会最优的努力水平;第二,代理人应该获得完全保险。需要指出的,在上述分析中,代理人风险规避是一个关键假设。如果代理人是风险中性的,委托人只要以满足代理人参与约束的某个固定价格而将企业整体"卖给"代理人,市场结果就实现社会最优。

负面效果:第一,代理人就可能有积极性"搞破坏"以降低其他人的可观测绩效;第二,多个代理人可能会进行合谋,因为这可以在集体不努力的情况下不改变他们的相对绩效;第三,代理人可能有积极性选择与低能力者而不是高能力者为伍,进而降低整体绩效。①

在谈到相对绩效评估时,多数文献实际上指的是纯相对绩效评估,每个代理人只有在其相对绩效更好时,他才有收益;反之,一旦他的相对绩效更差,他就获得零收益。由此可见,在纯相对绩效评估下,两个代理人所面临的是"赢者通吃"的报酬结构。但在现实生活中,人们大多面临的是一种由"绝对绩效"和"相对绩效"加权构成的"混合绩效"评估。也就是说,当多个代理人竞争时,即便某个代理人没有赢得竞赛,他也会获得一定的收益。以网球 ATP 大师赛为例,赢得冠军当然积分最多、奖金最多,但如果某个选手能获得亚军甚至能进半决赛,他也会得到不菲的收益。进一步来说,比赛越精彩,选手的收益也会越高,比方说这可以让他有更多的广告代言收入。

在本书的分析中,我们就考虑的是一种混合绩效评估体系,每个企业的收益不但依赖于自己的利润(绝对绩效),也依赖于它的相对绩效(依赖于定义,相对绩效可以是盯住利润的,也可以是盯住产量的)。与本书中的模型最为相关的一篇文献是 Palley(1995)。该文旨在从相对绩效评估的角度解释基金经理在选择投资项目时的"羊群效应"。为此,Palley 构建了一个"简约式"表述的静态模型,其中每个经理的收益不但依赖于自己的绝对收益,而且还依赖于他与其他基金经理的相对表现。他考虑了基金经理为投资而展开的价格竞争,因而"羊群效应"实际上就对应于价格竞争的战略互补性质。

本书将 Palley 模型的想法更加具体化。首先,我们将相对绩效评估引入到同质产品的古诺博弈和斯塔科尔伯格博弈,分析了恶性竞争和进入阻挠问题。其次,我们也将相对绩效评估引入到 Hotelling 模型,考虑了两阶段区位—价格竞争,分析了恶性竞争与重复建设的问题。

---

① Carmichael(1988)由此角度解释了引入终身教职(Tenure)制度的合理性。其基本想法是,高校是一个内部劳动力市场(即由在位教师去筛选应聘者),如果没有终身教职的职业安全保证,在位教师就有积极性招聘那些比他们差的应聘者,以降低自己将来被解聘的概率,因为学校必然倾向于解雇那些绩效差的教师。

四、重复建设与恶性竞争

在中国历届政府工作报告中,治理重复建设都被认为是推进国有企业改革、优化和调整产业结构的工作重点。但时至今日,以"地区间产业结构趋同""产能过剩""恶性竞争"等为主要特征的重复建设问题仍然是困扰中国经济发展的一个"顽疾"(林毅夫等,2010)。

关于重复建设得以形成和难以消除的机理,已有文献主要有以下两种观点。

第一种观点强调了行政性分权对地区分割和重复建设的影响。沈立人、戴园晨(1990)认为,相对于以"统收统支""吃大锅饭"为特征的中央集权体系,以"分灶吃饭"为特征的"财政包干"体制改革给地方政府赋予了更多的财权和决策权,其好处是极大地调动了地方的积极性,有利于它们采取"因地制宜"的发展方略,但同时也造成了所谓的"诸侯经济"现象:各地方政府为了局部利益而忽视全局利益,为了保护本地资源、市场和税基,通过行政权力争夺资源、进行相互贸易封锁,形成区域市场分割;而为了在经济发展上"拼速度",又都热衷于选择那些"短平快"的投资项目,形成区域产业同构或"重复建设"。在此之后,不少文献进一步分析了行政性以及财政分权对地区分割的影响机制(张维迎、栗树和,1998;银温泉、才宛茹,2001),或从各种角度实证测度了中国地区市场分割的严重程度(Young,2000;Bai et al,2004;平新乔,2004;徐现祥、李郇,2005),并在此基础上探讨了解决市场分割、建立全国统一市场的政策建议。

第二种观点强调了地方官员锦标赛式的政治晋升博弈对重复建设的关键作用(周黎安,2004)。根据这种观点,要理解地区间重复建设长期存在的原因,就必须深入考察重复建设的决策主体—地方官员(政府)的激励。从激励结构看,我国地方官员(政府)面临着经济和政治的双重激励:一方面,诚如第一种观点所强调的,由于行政性分权和财政包干,他们具有很强的经济动机;另一方面,被第一种观点所忽略的却同样甚至更加重要的是,地方官员还有强烈的职业生涯考虑,因为"上世纪80年代初期实施的领导干部选拔和晋升标准的重大改革使地方官员的晋升与地方经济发展绩效挂钩"(周黎安,2004)。近年来的一些相关经验研究雄辩地表明,地方官员的晋升概率的确与当地的 GDP 表现存在显著的正相关关系(Li and Zhou, 2005;徐现祥、李郇和王美今,2007;徐现祥、王贤彬和舒元,2007;徐现祥、王贤彬,2010;张军、高远,2007)。正如周黎安(2004)指出的,单从经济动机来看或许难以理解地区之间的贸易封锁、重复建设和恶性竞争,因为地区间分工合作往往是一个"正和博弈"。但是,给定固定数量的官员职位,政治晋升博弈却是一个典型的"零和博弈",一方所得即是另一方所失;而一旦政治晋升博弈进一步体现为 GDP 锦标赛,地方政府(官员)为了改善自己的"相对绩效",就不但有积极性发展生产来提高自己的 GDP 表现,也同样有积极性采取一些"以邻为壑"乃至"杀敌三千,自损八百"的策略以降低晋升对手的 GDP 表现,重复建设以及恶性竞争就正是这种策略的具体表现。

尽管既有文献已经对重复建设问题给出了诸多符合逻辑的理论解释和强有力的经验支持,但仍然存在一些需要深入讨论的地方。

第一,尽管这些文献探讨"重复建设"问题,但对项目投资的"重复性"却缺乏深入的微观机制分析。从概念上讲,"重复投资"是与"差异化投资"对立存在的,要解释各地方为什么愿意进行重复投资,我们就必须说明它们为什么不愿意选择差异化投资。对此,第一种观点是语焉不详的。比如说,尽管沈立人、戴园晨(1990)提到,各地方都有积极性选择"短平快"的项目,但没有解释为何"短平快"项目就一定是重复投资?也没有解释各地方为何不"因地制宜",选择那些符合当地禀赋特征而又具有更高盈利率的差异化投资项目?相比而言,周黎安(2004)的简单模型可以提供更有说服力的解释:出于改善相对绩效的考虑,各地方的确有积极性通过选择重复投资来降低竞争对手的盈利率,但他也没有对项目选择的"重复性"做进一步的微观机制分析。

第二,已有文献在分析重复建设问题时往往与"恶性竞争"相提并论,但没有对两者的关系进行更加细致的刻画和探讨。尽管说"重复投资"意味着产业同构或产品同质,进而更有可能引起"恶性竞争",但问题是,预料到这样的结果,企业为什么不通过选择差异化而规避"恶性竞争"呢?的确,现实中企业往往先是选择产品属性,然后再以此为基础进行价格或数量竞争,但由此看来,所谓的"恶性竞争",既可以体现为产品选择上的过度同质化("长期"效应),也可以体现为产品类型给定之后的激烈的价格或数量竞争("短期"效应)。

关于恶性竞争或产能过剩问题,有两篇文献需要特别提及。张维迎、马捷(1999)在同质产品古诺博弈的框架下分析了"恶性竞争的产权基础"。他们将恶性竞争定义为定价低于边际成本的现象(本文分析采用了他们的定义),认为国有企业的所有者实际缺位和"负赢不负亏"是造成恶性竞争的关键原因。由于先验地假设产品是同质的,他们是从委托—代理的角度,而不是从重复建设的角度分析了恶性竞争。此外,林毅夫等(2010)从"潮涌现象"的角度强调了"企业数目不确定"对投资协调失败,进而对"产能过剩"以及"恶性竞争"的关键作用。① 但由于也采用了同质产品的前提假设,因而他们也没有对投资的"重复性"给出解答。

综上所述,我们认为,要讨论困扰中国经济发展的重复建设问题,我们就必须厘清如下几个方面:首先,既然我们讨论的是中国的重复建设问题,那么,"中国特色"到底体现在哪里?其次,究竟是在何种意义上,我们说项目建设是具有"重复性"的?再次,既然国家强调要治理重复建设问题,我们就必须阐明,重复建设对社会福利到底有什么不利影响?最后,要解决这个问题,我们能否提出具有可行性的政策建议?

本文通过引入相对绩效评估对上述问题作了一定的解释。前述文献(如 Li and Zhou, 2005)已经表明,在现行体制下,不管是国有企业的经营者,还是对国有企业具有一定支配权的地方政府,都面临着以 GDP 锦标赛为特征相对绩效考核。这样,当地方官员晋升与 GDP 的相对绩效存在强烈

---

① 林毅夫(2007)比较正式地提出了"潮涌现象"。在他看来,因为发展中国家尚在技术追赶和消费升级过程中,在特定阶段一些特定产业会成为全社会都能感知到的投资"聚点均衡"。所以,随着人均收入提高和消费升级,投资也会呈现出潮涨潮落的现象。比如说,在人均收入比较低时,摩托车是比较流行的代步工具,所以中国涌现了大量的摩托车生产企业;但随着收入提高,汽车成为人们更加钟爱的代步工具,因而中国涌现了大量的汽车生产企业。

正相关时,他们(通过其所控制的国有企业)就很有积极性进行重复建设(按照我们的定义,这对应于产品差异化很小),目的是通过降低竞争对手的相对绩效而增加自己赢得晋升博弈的可能性;而"重复性"或者"恶性竞争"就体现为,市场均衡下产品差异度小于社会最优水平,这带来了巨大的效率损失。

五、进入阻挠

进入阻挠(Entry Deterrence)是产业组织研究的核心命题之一。它指的是,在位企业(incumbent)以牺牲短期利润为代价而维护其垄断地位的策略性行为。关于进入阻挠,已有文献主要有两大类模型,一类是基于投资的不可逆性;而另一类则是基于信息的不对称。

第一类模型发端于斯塔科尔伯格博弈。考虑两个同质产品企业之间的竞争,其中一个企业(领导者)先选择产量,另一个(追随者)再选择产量。如果领导者的行为符合所谓的贝恩—萨洛斯·拉比尼—莫利格迪亚尼(BSM)假设(Spence,1977;Tirole,1988),即在选定产量之后就不能改变,它就可以获得一定的先动优势。也就是说,即便两个企业的成本是一样的,领导者利润也会高于追随者。注意到追随者后进入市场的,如果它进入市场具有某个固定成本,那么,只有当它进入市场的利润高于这个固定成本时,它才会进入市场(领导者即便也有进入成本,但此时已经成为沉淀成本,不影响分析,略去)。这样,如果领导者策略性地提高它的产量,追随者进入市场的"剩余需求"和利润就会缩小;一旦它进入市场的利润无法补偿固定成本,追随者就不进入了。Dixit(1980)放弃了 BSM 假设,允许企业 1 在第二期可以选择产量,但企业 2 的边际成本更高。他将生产分为两步,首先是生产能力建设,其次是运营成本。这样,企业 1 的"先动优势"就在于它在第一期先进行了生产能力投资,进而在第二期的边际成本更低。他的分析表明,此时进入阻挠仍然可能出现。

Milgrom and Roberts(1982)是基于信息不对称的进入阻挠模型的奠基性文献。该文最大的贡献就是对限制性定价的想法提供了符合逻辑的经济学解释。他们认为,在位垄断者的成本是其私人信息,而潜在进入者需要通过在位者的定价来对此进行推断。如果高成本类型的在位者降价的损失更大(即满足所谓的"单交叉条件"),那么,低价格就可能显示在位者是低成本类型的。

  本文在讨论进入阻挠问题时,沿用了第一类模型。实际上,我们所做的工作就是将相对绩效引入斯塔科尔伯格博弈。一个基本的结果是,相对绩效评估会强化领导者的先动优势。但更加有趣的是,即便追随者进入市场本身没有固定成本,相对绩效评估也可以产生"内生"的进入壁垒。

第二章
多重目标下的央地分权合约

一、引 言

改革初期央地之间实行了放权让利和承包制合同,这尽管解决了原有计划体制下地方激励不足的问题,却导致了一些新的问题。比如说,中央财政占整个财政的比率逐年下降,中央政府难以分享经济高速增长带来的好处,进而中央政府对经济的宏观调控能力下降。再比如,承包制合同还导致了地方要么风险承担过度,要么"负赢不负亏"的两难困境。从文献回顾可知,站在中央政府的角度,解决这些问题的一个重要方法就是向地方政府提供利润分成合同。这样做尽管牺牲了一定的地方积极性,却可以让中央政府成比例地获得经济增长的好处,也可以分担地方政府经济决策的各种风险。

从委托代理角度看,如果中央政府与地方政府的目标一致,利润分成就不会有什么效率损失。但事实上,两者往往存在着巨大的目标差异。比如说,中央政府通常关注全局利益,而地方政府则主要关注局部利益。在本章中,我们将从多任务角度刻画央地之间的目标差异。我们假设,中央政府在向地方政府下放权力时,希望地方政府能在多个政策目标维度上"协调发展",但地方政府对各维度评价的相对权重与中央政府并不相同,特别地,在某个维度上它们的收益可能更多一些,即具有一些"额外收益"。我们希望做的事情是,构建一个简单的多任务模型,借此讨论中央政府与地方政府之间的目标差异对地方政府的施政努力以及央地之间的利润分成的影响。

作为分析起点,我们先分析了地方政府保留效用为零的基准模型,借此主要讨论目标差异对利润分成的影响。不妨设想这样一种情形:中央政府的目标包括两个维度 A 和 B,而它需要委托地方政府改善这两个目标维度(其初始值都标准化为零)。中央政府关注协调发展,类似于"木桶原理"(Wooden Barrel Theory)(Ju and Wei, 2005),为简便起见,我们假设协调发展的产出(或者产业化利润)只依赖于 A 和 B 的短边。央地的目标差异体现为,即便 A 已经是短边,地方政府也有可能从提高 B 中获得一些"额外收益"。不失一般性,可以认为地方政府的额外收益依赖于 A 和 B 的总和。根据假设,起初 A 和 B 的值都标准化为零,要出现非协调发展,必然是因为两个目标维度对地方政府施政努力的敏感度是不相同的。不失一般性,假设维度 A 比维度 B 更容易改进。尽管这些敏感度参数是中央政府与地方政府所具有的公共信息,但无法验证,无法构成双方缔约的基础。进一步假设,中央政府只能向地方政府提供利润分成合同。

基准模型是一个两阶段博弈。第一阶段,中央政府制定地方政府的产业化利润分成比例;第二阶段,给定产业化利润分成比例,地方政府选择施政努力,然后双方的收益实现。

在制定利润分成比例时,中央政府需要考虑地方政府的两种激励问题(或者道德风险问题):第一,要提高地方政府的整体施政努力,不管是关于维度 A 还是维度 B 的;第二,要防止地方政府为了获得额外收益而导致的非协调发展。

如果中央政府只面临第一种激励问题,则中央政府与地方政府之间的关系就完全类似于经典的租佃制(Sharecropping)下地主与佃农的关系(Cheung, 1968; Stigitz, 1974),[①]则中央政府面临经典的激励与抽租(Rent

---

[①] 租佃制探讨的是道德风险问题。但是,在委托代理的框架下,如果代理人(佃农)是风险中性的,没有有限责任保护,在事前缔约时,委托人(地主)可以通过征收一个固定费用而将土地卖断给佃农,这就完全消除了道德风险问题。所以,要让代理人获得信息租金,要么引入风险规避,要么引入有限责任保护。Cheung(1968)和 Stiglitz(1974)采取了前一种方法,而本章则采取了后一种方法。关于此方面的理论探讨,读者可以参考 Laffont and Martimort(2002)。

Extraction)之间的权衡。很显然,提高地方政府的利润分成会降低中央政府的利润提成,但这会增加地方政府的施政努力,进而增加双方赖以分割的利润总量。但与租佃制相比,本章模型的不同之处在于引入了上述第二种激励问题。直觉上看,如果地方政府的利润分成比例很低,它们就可能主要关注额外收益,根据"木桶原理"假设,这就可能导致非协调发展。但反过来说,如果地方政府面临的利润分成比例很高,它们本身就很有积极性避免非协调发展。

我们发现的一个有趣结果是,随着地方政府额外收益动机(作为参数)持续增加,均衡的产业化利润分成比例呈现出一种非线性关系,即先下降,后上升,最后再下降。下面,我们就来阐释这种非线性关系背后的经济直觉。

当"额外收益动机"比较弱时,地方政府面临的问题基本上就是经典的租佃问题。为了解决地方政府的整体激励问题,中央政府必须制定较高的(地方政府所享有的)产业化利润分成比例,而地方政府也就越看重协调发展所带来的产业化利润,它们本身也就没有积极性制造非协调发展。然而,地方政府"额外收益动机"增强,由额外收益带来的激励效应就会增强,中央政府所面临的激励压力也就减弱了,进而也就可以制定较低的利润分成比例来抽取更多的租金。

按照刚才的分析,如果不考虑非协调发展问题,则地方政府的额外收益动机越强,中央政府提供的利润分成比例就越低。但不难发现,当地方政府的额外收益动机很强时,这种结果就无法自洽了。其原因是,此时地方政府就会过度关注额外收益而导致非协调发展。根据假设,中央政府不愿意看到非协调发展,但中央政府只有利润分成这样一个缔约工具,此时均衡结果就有可能出现两种情况。第一,如果地方政府的额外收益动机不是太强,中央政府就会策略性地提高利润分成比例以"纠正"地方政府的额外收益动机,最终结果是非协调发展的情形不会出现。如前所述,此时地方政府的额外收益动机越强,中央政府提供的利润分成比例就越高。

但是,如果地方政府的额外收益动机非常强,要完全消除非协调发展,中央政府就必须向地方政府提供非常高的利润分成比例,这对中央政府来说,成本太高。正因如此,此时中央政府宁肯容忍一定程度的非协调发展。既然中央政府已经放弃了"完全"避免非协调发展的努力,它所制定的利润分成比例就会随着地方政府额外收益动机的增加而下降。其原因是,如前所述,额外动机越强,整体激励问题越小。但必须指出的是,此时中央政府仍然会"部分"地考虑非协调发展所带来的成本,故与额外收益动机很弱的情形相比,此时利润分成比例随额外收益动机的增加而下降的幅度要更小一些。

在对基本模型的扩展中,我们考虑了阻碍央地有效合作的一些可能的原因。我们首先考虑了地方政府的外部保留效用,即接受中央委托项目可以得到的收益。一个直观的解释是,如果地方政府可以通过经营当地项目而获得很高的收益,它们就不一定有积极性接受来自中央的委托项目。一个更有政策含义的视角是:给定地方政府具有较高的保留效用,那么,中央政府与地方政府的评价标准差异太大就是阻碍央地有效合作的关键因素。

其次,我们考虑了额外收益动机是地方政府私有信息的情况。在这种情况下,中央政府为了能够从具有更高额外收益动机的地方政府那抽取更多的租金,就宁肯放弃与具有低额外收益动机的地方政府的合作机会。

二、模 型

考虑中央政府有某个项目,它有两个性能维度 A 和 B,其性能指标记为 P_A 和 P_B。从产业化角度看,这两个维度是完全互补的:类似于"木桶原理",该产品产业化利润为 $\min\{P_A, P_B\}$,即完全取决于两个性能维度的"短边"。假设中央必须向地方委托该项目,中央政府提供必要的政策环境,而地方政府提供具体的施政努力以改进 P_A 和 P_B。为简化分析,将 P_A 和 P_B 的初始值标准化为 0。如果地方政府在维度 P_A 和 P_B 上的努力程度为 e_A 和 e_B,其总努力成本将是 $e_A + e_B$,而政策目标指标变为 $P_A = a\sqrt{e_A}$,$P_B = b\sqrt{e_B}$,其中 a 和 b 分别代表了维度 A 和 B 对施政努力的敏感度,这既可以看作项目的实施难度,也可以看作地方政府的施政能力。要有可能出现产业化短边,就必须

有 $a \neq b$；而不失一般性，假设 $a > b$；即政策维度 A 是更加容易获得改进的。①

本章的一个关键假设是，尽管参数 a 和 b 是中央政府与地方之间的公共信息，但无法为第三方所验证，因而合同无法直接订立在政策指标 P_A 和 P_B 上。但是，我们有足够的理由认为产业化利润即 $\min\{P_A, P_B\}$ 是可以验证的，进而可以构成双方缔约的基础。中央政府的缔约变量是地方政府对产业化利润的分享比例 $\alpha \in [0,1]$，这是一个连续变量。与之对应，地方政府所获产业化利润为 $\alpha \min\{P_A, P_B\}$。

但如前所述，地方政府除了利润分成动机之外，他们还有额外收益的动机。与产业化不一样，额外收益依赖于两个政策维度的改进程度，并不存在"木桶原理"的机制，因为地方政府所得额外收益是 P_A 和 P_B 的(加权)总和。不难理解，这会导致中央政府和地方政府之间的潜在冲突。比方说，给定 $P_A > P_B$，则继续增加 P_A 并不会增加产业化利润，但仍然会给地方政府带来额外收益。不失一般性，假设地方政府的额外收益为 $\beta(P_A + P_B) = \beta[a\sqrt{e_A} + b\sqrt{e_B}]$，其中 β 在形式上代表了额外收益对政策指标改进的敏感度。在后面的分析中，我们直接将 β 看作地方政府的类型，而 β 越大，地方政府能够获得的额外收益就越大。

综合以上分析，给定中央政府制定的利润分成比例为 α（其中 α 是地方政府所享有的比例），如果地方政府 β 选择施政努力 e_A 和 e_B，其所得总收益为

$$\pi = \alpha \min\{P_A, P_B\} + \beta[P_A + P_B] - [e_A + e_B]$$
$$= \alpha \min\{a\sqrt{e_A}, b\sqrt{e_B}\} + \beta[a\sqrt{e_A} + b\sqrt{e_B}] - [e_A + e_B] \quad (2.1)$$

进一步，假设地方政府的保留效用为 w，与其类型 β 无关。很显然，只有当 $\pi \geq w$ 时，地方政府才愿意参加央地项目合作。

中央政府的问题，就是要在满足地方政府参与约束的前提下选择合适

---

① 考虑一种替代假设：给定施政努力为 e_A 和 e_B，则性能指标为 $A = ae_A$ 和 $B = be_B$，而研发总成本为 $\dfrac{e_A^2 + e_B^2}{2}$。不难理解，在这个替代假设下，施政努力净收益仍然是施政努力的凹函数，模型结果不会有任何本质变化。

的分成比例 α 以极大化其收益。

$$\Pi = (1-\alpha)\min\{P_A, P_B\} = (1-\alpha)\min\{a\sqrt{e_A}, b\sqrt{e_B}\} \quad (2.2)$$

如引言所述,我们关注的重点是中央政府与地方政府目标差异对央地项目合作的影响,其中又特别关注的是地方政府的额外收益动机(由参数 β 刻画)对均衡的利润分成比例的影响。为便于分析,我们先考虑 $w=0$ 且 β 为公共信息时中央政府如何制定利润分成比例,而地方政府又是如何选择其施政努力的。在此之后,我们会考虑 $w>0$ 以及 β 为地方政府私有信息的情形,并借此说明央地项目合作往往难以奏效的原因。

(一)完全信息且地方政府保留效用为零

由前面的分析不难发现,给定 $w=0$ 且 $\beta>0$ 为公共信息,地方政府必然会参与央地项目合作。原因很简单,给定 $\alpha \geqslant 0, \beta>0$,则在 $e_i = 0$ ($i=A,B$)时,增加施政努力的边际收益(无穷大)总是高于边际成本(等于1)。由于 $a>b$,最终必有 $P_A \geqslant P_B$。下面分情况讨论。

不妨先假设 $P_A > P_B$,则地方政府的收益为:

$$\pi = \alpha b\sqrt{e_B} + \beta[a\sqrt{e_A} + b\sqrt{e_B}] - [e_A + e_B] \quad (2.3)$$

两个一阶条件为

$$\sqrt{e_A} = \frac{\beta a}{2} \quad (2.4)$$

$$\sqrt{e_B} = \frac{(\alpha+\beta)b}{2} \quad (2.5)$$

而相应地,P_A、P_B 以及地方政府的收益分别为

$$P_A^N = \frac{\beta a^2}{2} \quad (2.6)$$

$$P_B^N = \frac{(\alpha+\beta)b^2}{2} \quad (2.7)$$

$$\pi^N = \frac{(\alpha+\beta)^2 b^2}{4} + \frac{\beta^2 a^2}{4} \quad (2.8)$$

此处我们用上标 N 表示 P_A 和 P_B 是不等的,即存在产业化短边。

注意到上面的结果是在 $P_A > P_B$ 的假设下得到的,故只有 $P_A^N > P_B^N$

时,即 $\alpha < \frac{(a^2-b^2)\beta}{b^2}$ 时,这些结果才是自洽的。但问题是,$P_A^N > P_B^N$ 成立与否依赖于 α 的大小,而 α 又是中央政府选择的内生结果。所以,只有在考察了中央政府的选择之后,我们才能判断这个假设是否是自洽的。为此,不妨先假设 $P_A^N > P_B^N$,则中央政府的目标就是选择 α 以最大化其利润

$$\Pi = (1-\alpha)\min\{P_A, P_B\} = (1-\alpha)P_B^N = \frac{(1-\alpha)(\alpha+\beta)b^2}{2} \quad (2.9)$$

与之对应,中央政府利润最大化的"最优"产权比例为

$$\alpha^N = \frac{1-\beta}{2} \quad (2.10)$$

这样,如果 $\frac{1-\beta}{2} < \frac{(a^2-b^2)\beta}{b^2}$,则 $P_A > P_B$ 的假设就是自洽的。均衡结果就是 $\left\{P_A^N = \frac{\beta a^2}{2}, P_B^N = \frac{(\alpha+\beta)b^2}{2}, \alpha^N = \frac{1-\beta}{2}\right\}$。

反之,如果 $\frac{1-\beta}{2} > \frac{(a^2-b^2)\beta}{b^2}$,$P_A > P_B$ 的假设就是不自洽的,或者说,由(2.10)式给出的"最优"产权比例就是无法得到支持的。由于 $P_A \geqslant P_B$,如果 $P_A > P_B$ 不能自洽,则必有 $P_A = P_B$。

此时,为了求解地方政府的最优选择,我们构造拉格朗日函数:

$$L = \alpha b\sqrt{e_B} + \beta[a\sqrt{e_A} + b\sqrt{e_B}] - [e_A + e_B] + \lambda[a\sqrt{e_A} - b\sqrt{e_B}]$$
$$(2.11)$$

其中 λ 是与等式约束 $P_A = P_B$ 所对应的拉格朗日乘子。由此得到下述一阶条件

$$\sqrt{e_A} = \frac{(\beta+\lambda)a}{2} \quad (2.12)$$

$$\sqrt{e_B} = \frac{(\alpha+\beta-\lambda)b}{2} \quad (2.13)$$

进而可得

$$P_A^E = \frac{(\beta+\lambda)a^2}{2} \quad (2.14)$$

$$P_B^E = \frac{(\alpha+\beta-\lambda)b^2}{2} \quad (2.15)$$

此处我们用上标 E 表示 P_A 和 P_B 是相等的。进一步,利用 $P_A^E = P_B^E$ 可得,

$$\lambda^E = \frac{\alpha b^2 - (a^2 - b^2)\beta}{(a^2 + b^2)} \tag{2.16}$$

$$P_A^E = P_B^E = \frac{(2\beta + \alpha)a^2 b^2}{2(a^2 + b^2)} \tag{2.17}$$

而地方政府所得为

$$\pi^E = (\alpha + 2\beta)P_A^E - (a^{-2} + b^{-2})(P_A^E)^2 = \frac{(2\beta + \alpha)^2 a^2 b^2}{4(a^2 + b^2)} \tag{2.18}$$

最后,中央政府选择 α 以最大化其所得利润:

$$\Pi^E = (1-\alpha)P_A^E = \frac{(1-\alpha)(2\beta + \alpha)a^2 b^2}{2(a^2 + b^2)} \tag{2.19}$$

而由一阶条件可知,对中央政府来说,此时的"最优"利润分成比例为

$$\alpha^E = \frac{1}{2} - \beta \tag{2.20}$$

与前面一样,这个"最优"产权比例可能是无法得到支持的。注意到约束最优化所得结果总是劣于无约束最优化的,故当 $\alpha^E = \frac{1}{2} - \beta < \frac{(a^2 - b^2)\beta}{b^2}$ 时,地方政府宁可选择 $P_A = P_B$。

基于以上分析,我们来刻画此种情况下的均衡产权比例。为表述方便,定义 $\beta_0 = \frac{b^2}{2a^2}$, $\beta_1 = \frac{2b^2}{2a^2 - b^2}$,其中 $\beta_0 < \beta_1$。当 $\beta = \beta_0$ 时,$\frac{1}{2} - \beta = \frac{(a^2 - b^2)\beta}{b^2}$;而当 $\beta = \beta_1$ 时,$\frac{(a^2 - b^2)\beta}{b^2} = \frac{1 - \beta}{2}$。

命题 2.1 给定完全信息且地方政府的保留效用为零,则均衡的利润分成比例 α^* 刻画如下:当 $\beta \leqslant \beta_0$ 时,$\alpha^* = \alpha^E = \frac{1}{2} - \beta$;当 $\beta_0 < \beta < \beta_1$ 时,$\alpha^* = \frac{(a^2 - b^2)\beta}{b^2}$;当 $\beta \geqslant \beta_1$ 时,$\alpha^* = \alpha^N = \frac{1-\beta}{2}$。

证明: 为了证明此命题,我们需要分别讨论三种情况,而证明的关键是看假设与以此为基础得到的结果是否自洽。

(i) $\beta \leqslant \beta_0$ 或 $\frac{(a^2 - b^2)\beta}{b^2} \leqslant \frac{1}{2} - \beta$ 的情况

若假设 $\alpha^* < \frac{(a^2 - b^2)\beta}{b^2}$,则中央政府希望选择的是 $\alpha^N = \frac{1-\beta}{2} > \frac{(a^2 - b^2)\beta}{b^2}$,矛盾。

若假设 $\alpha^* \geqslant \dfrac{(a^2-b^2)\beta}{b^2}$，则中央政府希望选择的是 $\alpha^E = \dfrac{1}{2} - \beta \geqslant \dfrac{(a^2-b^2)\beta}{b^2}$，自洽。此为此种情况下的均衡结果。

(ii) $\beta \geqslant \beta_1$ 或 $\dfrac{1-\beta}{2} \leqslant \dfrac{(a^2-b^2)\beta}{b^2}$ 的情况：

若假设 $\alpha^* > \dfrac{(a^2-b^2)\beta}{b^2}$，则中央政府希望选择的是 $\alpha^E = \dfrac{1}{2} - \beta < \dfrac{(a^2-b^2)\beta}{b^2}$，矛盾。

若假设 $\alpha^* \leqslant \dfrac{(a^2-b^2)\beta}{b^2}$，则中央政府希望选择的是 $\alpha^N = \dfrac{1-\beta}{2} \leqslant \dfrac{(a^2-b^2)\beta}{b^2}$，自洽。此为此种情况下的均衡结果。

(iii) $\beta_0 < \beta < \beta_1$ 或 $\dfrac{1}{2} - \beta < \dfrac{(a^2-b^2)\beta}{b^2} < \dfrac{1-\beta}{2}$ 的情况：

若假设 $\alpha^* < \dfrac{(a^2-b^2)\beta}{b^2}$，则中央政府希望选择的是 $\alpha^N = \dfrac{1-\beta}{2} > \dfrac{(a^2-b^2)\beta}{b^2}$，矛盾。

若假设 $\alpha^* > \dfrac{(a^2-b^2)\beta}{b^2}$，则中央政府希望选择的是 $\alpha^E = \dfrac{1}{2} - \beta < \dfrac{(a^2-b^2)\beta}{b^2}$，矛盾。

最终，此种情况下的均衡结果必然是 $\alpha^* = \dfrac{(a^2-b^2)\beta}{b^2}$。

证毕。

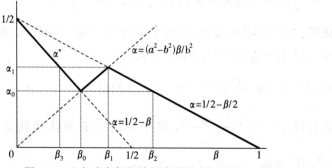

图 2.1 地方政府保留效用为零的市场均衡

图 2.1 展示了 $w=0$ 且 β 为公共信息时的模型结果,其显著特点是均衡分成比例 α^* 与 β 是非单调的,造成这种非单调性的原因是地方政府在央地项目合作中具有获得常规利润分成和追求额外收益的双重动机。

在 $\beta \leqslant \beta_0$ 时,地方政府的额外收益动机不是很大,或者说它从政策指标改进能够得到的额外收益不是很高,于是它就主要关注项目合作的常规利润分成。此时,如果地方政府额外收益动机增强,这在增加其施政努力的同时,却并不会导致非协调发展的产生;所以,中央政府可以通过适当降低地方政府利润份额来获益,与之对应,此时 α^* 是 β 的减函数。

当 $\beta_0 < \beta < \beta_1$ 时,地方政府的额外收益动机已经相当强了,如果其项目利润的分享比例很低,它就会过分关注额外收益从而导致非协调发展,这显然是不符合中央政府的利益的。与之对应,中央政府宁可提高地方政府产业化利润的分享比例来相对削弱它追求额外收益的动机,进而可以"纠正"其施政努力,最终结果是没有非协调发展的情况出现。不难理解,β 越大,要纠正地方政府追求额外收益的动机,中央政府就必须要提供越高的利润分成比例。也正因如此,此时 α^* 是 β 的增函数。

当 $\beta \geqslant \beta_1$ 时,地方政府追求额外收益的动机非常强,此时若还要消除市场化短边,中央政府就必须向地方政府让渡非常大的产业化利润份额,从中央政府的角度来看,这并非是最优的。但结果往往是,中央政府宁可适当放任地方政府追求额外收益的行为,容忍一定程度的非协调发展。进一步,给定此时中央政府已经无意完全"纠正"地方政府追求额外收益的动机,它就会在不太损害地方政府施政努力的前提下,适当降低其利润分成比例来提高自己的收益。由于追求额外收益也是促使地方政府提高施政努力的因素,而 β 越大,这种动机就越强,进而地方政府施政努力也就会越强。这就是为什么此时的 α^* 又变成了 β 的减函数。

注意到尽管在 $\beta \leqslant \beta_0$ 或 $\beta \geqslant \beta_1$ 时,α^* 都是 β 的减函数,但在 $\beta \leqslant \beta_0$ 时,α^* 随 β 增加而下降得更快(斜率为 -1),在 $\beta \geqslant \beta_1$ 时 α^* 随 β 增加而下降得要慢一些(斜率为 $-\frac{1}{2}$)。其背后的原因是,在前一种情况下,地方政府追求额外收益的动机与追求常规利润的动机不但不矛盾,而且是互补的,即追

求额外收益的动机增强,可以同时"对称地"增强地方政府在 A 和 B 两个维度上的施政努力。相应地,当地方政府追求额外收益的动机增强一个单位时,中央政府就可以随之降低一个单位的"常规利润"激励。而在后一种情况下,从中央政府的角度看,地方政府追求额外收益的动机与追求常规收益的动机已经产生冲突。给定地方政府追求额外收益的动机增强一个单位,如果中央政府提供的常规利润激励也随之降低一个单位,那么,地方政府就会过分偏向于追求额外收益,进而会导致严重的非协调发展问题。其结果是,尽管此时中央政府已经无意完全纠正地方政府追求额外收益的动机,但仍然会考虑其常规利润分享比例下降而对协调发展造成的负面影响。正因如此,当 β 增加一单位时,α^* 随之下降 $\frac{1}{2}$ 个单位。

从图 2.1 不难发现,对应于本章的模型设置,如果 $\beta=1$,则地方政府的所得产业化利润份额为零,此时他们之所以还愿意进行央地项目合作,完全是出于额外收益动机。实际上,我们甚至可以容许 $\beta>1$,与此对应,中央政府甚至可以向地方政府索取费用(即地方政府对常规利润的分享比例 α^* 是"负"的)。在现实中,我们的确可以观察到这样的现象:地方政府为了某些额外收益,愿意免费甚至自掏腰包为中央政府做一些脏活累活。然而,我们并不想也不能在这种解释上走得太远。在本章所刻画的央地项目合作中,中央政府是委托人,它负责制定和实施产权分割合同;地方政府是代理人,在利润分成比例给定的情况下,决定其在两个维度上的施政努力。之所以会出现在追求常规利润与额外收益之间的潜在冲突,是因为 A 和 B 的相关信息 a 和 b 在事前是无法验证的,无法构成缔约基础。但是,如果地方政府资金雄厚,中央政府就可以将产业化项目以某个价格一次性"卖断"给地方政府;如此,地方政府就会完全内化追求额外收益的动机和追求常规收益的动机。

(二)地方政府外部保留效用为正

在刚才的分析中,地方政府的外部保留效用为零,故央地项目合作总是会发生,剩下的问题就是,对应于不同的 β,中央政府会如何制定利润分成比例 α 以最大化其所得利润。在这一节,我们假设地方政府的保留效用 $w>0$,

并从此角度说明它对央地项目合作可能性的影响。为简化起见,假设 w 与 β 无关。很显然,给定 $w>0$,只有当地方政府从央地合作中所得收益大于 w 时,它才愿意进行合作。

为了避免讨论各种不必要的复杂情形,我们进一步假设 $a^2=2b^2$。图 2.2 重新展示了与 $a^2=2b^2$ 和 $w=0$ 对应的产权安排和地方政府的收益,其中包括上下两个部分,它们的横轴都是 β,取值在 $[0,1]$,而下半部分的纵轴对应于产权比例,取值在 $[0,1]$,而上半部分的纵轴代表地方政府的收益,取值从 0 开始。为了节省空间,下半部分的纵坐标 1 与上半部分的纵坐标 0 对应于同一个点。这显然不会引起什么误解。

下半部分中的粗实线代表了最优的利润分成比例,相应地,上半部分中的粗实线则代表了地方政府的均衡所得。给定 $a^2=2b^2$,则 $\alpha=\dfrac{(a^2-b^2)\beta}{b^2}$ 简化为 $\alpha=\beta$,进而在图形上对应于 45 度线。容易验证,此时 $\beta_0=\dfrac{1}{4}$,$\beta_1=\dfrac{1}{3}$。

据前分析,当 $\beta<\beta_0=\dfrac{1}{4}$ 时,$\alpha^*=\dfrac{1}{2}-\beta$,进而由(2.19)可知,此时地方政府所得为

$$\pi_1^E=\frac{(1+2\beta)^2 b^2}{24} \tag{2.21}$$

当 $\beta_0<\beta<\beta_1=\dfrac{1}{3}$ 时,$\alpha^*=\beta$,则由(2.19)可知

$$\pi_2^E=\frac{3\beta^2 b^2}{2} \tag{2.22}$$

很显然,当 $\beta=\beta_0$ 时,$\pi_1^E=\pi_2^E$,即两条曲线是连续的。容易验证,图中所示几个参数的具体数值为:$w_0=\dfrac{b^2}{24}$,$w_1=\dfrac{3b^2}{32}$,$w_2=\dfrac{b^2}{6}$。

进一步,当 $\beta>\beta_1$ 时,对应于 $w=0$,均衡的产权比例为 $\alpha^*=\dfrac{1-\beta}{2}$,故由(2.8)可知,此时地方政府在央地项目合作中所得收益为

$$\pi^N=\frac{[(\alpha+\beta)^2+8\beta^2]b^2}{16} \tag{2.23}$$

而 π^N 曲线如图 2.2 所示。容易验证,当 $\beta=1$, π^N 的值为 $w_3 = \dfrac{3b^2}{4}$。

为了后面的分析方便,我们在图 2.2 上半部分中也展示了 $\beta > \beta_1$ 时 $\pi_2^E = \dfrac{3\beta^2 b^2}{2}$ 的曲线,如图中虚线所示。容易验证,当 $\beta=1$ 时,π_2^E 的值为 $w_4 = \dfrac{3b^2}{2}$。

基于上述分析,我们就可以清楚地刻画与不同 w 所对应的市场均衡。首先,注意到地方政府在央地项目合作中的所得总是大于 $w_0 = \dfrac{b^2}{24}$ 的,故当地方政府的外部保留效用 $w < w_0$ 时,引入他们的保留效用对模型结果没有任何影响。也就是说,对应于 $w < w_0$ 且 $a^2 = 2b^2$ 的市场均衡就完全如图 2.2 所示。

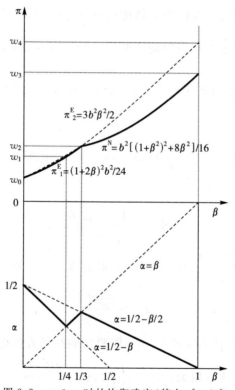

图 2.2 $w < w_0$ 时的均衡确定(其中 $a^2 = 2b^2$)

其次,如果地方政府的外部保留效用 w 提高,使得 $w_0 < w < w_1$,则其均衡结果如图 2.3 所示。此时,若令 $\pi_1^E = \dfrac{(1+2\beta)^2 b^2}{24} = w$,则由此可知,当 $\beta < \beta_{11} = \dfrac{\sqrt{6w}}{b} - \dfrac{1}{2}$ 时,地方政府的参与约束就是紧的,此处我们用下标

t 表示合同发生了转换。换句话说,与 $w<w_0$ 的情形相比,此时要满足地方政府的参与约束,中央政府就必须提高其利润分成比例。具体地,据 (2.23),若令 $\pi^N = \dfrac{[(\alpha+\beta)^2+8\beta^2]b^2}{16} = w$,则由此可知,为满足地方政府的参与约束,其所得分成比例将是 $\alpha^* = \dfrac{\sqrt{6w}}{b} - 2\beta$,此直线斜率为 -2,与纵轴的交点为 $\dfrac{\sqrt{6w}}{b}$,它比 $\dfrac{1}{2}$ 大,但比 1 小。不难理解,当 $\beta > \beta_{t1}$ 时,模型结果与前面是完全一样的。这样,当 $w_0 < w < w_1$ 时,均衡的利润分成比例 α^* 与 β 之间的关系如图 2.3 下半部分的粗实线所示,相应地,地方政府从央地项目合作中所得收益与 β 之间的关系如图 2.3 上半部分的粗实线所示。与 $w<w_0$ 的相比,此时任何 $\beta<\beta_{t1}$ 的地方政府从央地项目合作中所得收益等于其保留效用 w。

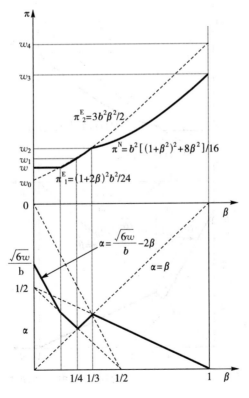

图 2.3 $w_0 < w < w_1$ 时的均衡(其中 $a^2 = 2b^2$)

第三,如果地方政府的外部保留效用 w 继续提高,使得 $w_1 < w < w_2$,则相应的均衡结果如图 2.4 所示。此时,曲线 $\alpha = \dfrac{\sqrt{6w}}{b} - 2\beta$ 与 45 度线 $\alpha = \beta$ 的交点横坐标为 $\beta_{12} = \dfrac{\sqrt{6w}}{3b}$,它比 $\dfrac{1}{4}$ 大,但比 $\dfrac{1}{3}$ 小。现在,任何 $\beta < \beta_{12}$ 的地方政府的参与约束都是紧的,其所得利润分成比例为 $\alpha^* = \dfrac{\sqrt{6w}}{b} - 2\beta$;而对 $\beta > \beta_{12}$ 的地方政府而言,均衡结果与 $w < w_0$ 的情况仍然完全相同。最终,当 $w_1 < w < w_2$ 时,均衡的产权比例 α^* 与 β 之间的关系如图 2.4 下半部分的粗实线所示,而地方政府从产学研所得收益与 β 之间的关系如图 2.4 上半部分的粗实线所示。与 $w < w_0$ 的相比,此时任何 $\beta < \beta_{12}$ 的地方政府在央地项目合作中只能得到他们的保留效用 w。

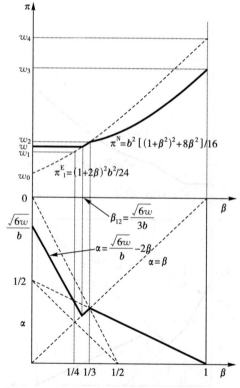

图 2.4　$w_1 < w < w_2$ 时的均衡(其中 $a^2 = 2b^2$)

第四,如果地方政府的外部保留效用 w 继续提高,使得 $w_2 < w < w_3$,则

相应的均衡结果如图 2.5 所示。此时,曲线 $\alpha = \frac{\sqrt{6w}}{b} - 2\beta$ 与直线 $\alpha = \beta$ 交点的横坐标 $\beta_{12} = \frac{\sqrt{6w}}{3b}$ 比 $\frac{1}{3}$ 大。若令 $1 = \frac{\sqrt{6w}}{b} - 2\beta$,则可确定唯一的 $\beta_m = \frac{\sqrt{6w}}{b} - \frac{1}{2}$,此处我们用下标 m 表示参与央地项目合作的地方政府的最低类型。对任何地方政府 $\beta < \beta_m$ 而言,即便中央政府提供合同 $\alpha = 1$,他们从央地项目合作所得收益也无法弥补其外部保留效用,因而必然不会参加央地项目合作。进一步,当 $\beta_m < \beta < \beta_{12}$ 时,中央政府为地方政府 β 提供的产权比例为 $\alpha^* = \frac{\sqrt{6w}}{b} - 2\beta > \beta$;据前分析,$\alpha > \beta$ 意味着此时没有非协调发展的情况发生。但是,对于 $\beta > \beta_{12}$ 的地方政府而言,已经有 $\frac{\sqrt{6w}}{b} - 2\beta < \beta$,故由前面的分析可知,对他们继续提供 $\alpha = \frac{\sqrt{6w}}{b} - 2\beta$ 的产权比例就无法构成均衡。换句话说,此时产业化必然会出现短边,与之对应,如(2.23)所示,此时地方政府所得收益为 $\pi^N = \frac{[(\alpha+\beta)^2 + 2\beta^2]b^2}{4}$。若令 $\pi^N = w$,则可得满足地方政府参与约束的产权比例为 $\alpha = \sqrt{\frac{4w}{b^2} - 2\beta^2} - \beta$,如图 2.5 下半部分中下降的粗实曲线所示,它与 $\alpha = \frac{1-\beta}{2}$ 必然相交于 $\beta_{13} = \frac{-1 + 2\sqrt{-2 + \frac{36w}{b^2}}}{9} < 1$,其中最后一个不等式成立的原因是:$\beta_{13}$ 是 w 的增函数,且在 $w = w_3 = \frac{3b^2}{4}$ 时 $\beta_{13} = 1$;但根据假设,此时地方政府的外部保留效用 $w < w_3$。但是,当 $\beta > \beta_{13}$ 时,中央政府就会提供合同 $\alpha^* = \frac{1-\beta}{2}$,而且地方政府的参与约束是松的。最终,当 $w_2 < w < w_3$ 时,均衡的产权比例 α^* 与 β 之间的关系如图 2.5 下半部分的粗实线所示,而地方政府从产学研所得收益与 β 之间的关系如图 2.5 上半部分的粗实线所示。与 $w < w_0$ 相比,此时任何 $\beta < \beta_m$ 的地方政府都不会参加央地项目合作,而任何 $\beta > \beta_m$ 都会参加央地项目合作。

其中,当 $\beta_m < \beta < \beta_{12}$ 时,产业化不会有短边发生,这些地方政府在央地项目合作中所得收益等于其保留效用 w;而当 $\beta_{12} < \beta < \beta_{13}$ 时,产业化有短边发生,这些地方政府在央地项目合作中所得收益仍然等于其保留效用 w;但当 $\beta > \beta_{13}$ 时,中央政府提供的产权比例与 $w < w_0$ 时是一样的,而且这些地方政府从央地项目合作中所得收益也高于他们的外部保留效用 w。

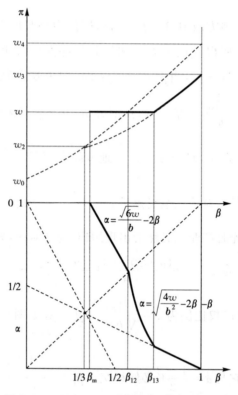

图 2.5　$w_2 < w < w_3$ 时的均衡(其中 $a^2 = 2b^2$)

第五,如果地方政府的外部保留效用 w 继续提高,使得 $w_3 < w < w_4$,则从上一种情况的分析立即可知,此时即便 $\beta = 1, \alpha = 0$ 也已经无法满足地方政府的参与约束,也就是说,$\alpha = \dfrac{1-\beta}{2}$ 的合同已经不可能实施。最终,当 $w_3 < w < w_4$ 时,均衡的产权比例 α^* 与 β 之间的关系如图 2.6 下半部分的粗实线所示,而地方政府从产学研所得收益与 β 之间的关系如图 2.6 上半部分的粗实线所示。任何 $\beta < \beta_m$ 的地方政府都不会参加央地项目合作,而任何 $\beta > \beta_m$ 的地方政府尽管都会参加央地项目合作,但从中所得收益只是等于他们的外部保留效用。

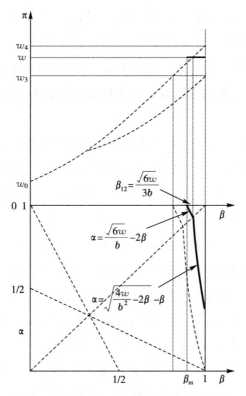

图 2.6 $w_3 < w < w_4$ 时的均衡(其中 $a^2 = 2b^2$)

最后,如果 $w > w_4$,地方政府的外部保留效用太高,央地项目合作就不可能发生。

我们将上面的分析结果总结为下面的命题。

命题 2.2 给定完全信息,$a^2 = 2b^2$,地方政府的外部保留效用 $w > 0$。定义:$w_0 = \dfrac{b^2}{24}$,$w_1 = \dfrac{3b^2}{32}$,$w_2 = \dfrac{b^2}{6}$,$w_3 = \dfrac{b^2}{4}$,而 $w_4 = \dfrac{3b^2}{4}$。对应于不同的 β,央地项目合作均衡刻画如下:(1)当 $w < w_0$ 时,均衡如图 2.2 所示;(2)当 $w_0 < w < w_1$ 时,均衡如图 2.3 所示;(3)当 $w_1 < w < w_2$ 时,均衡如图 2.4 所示;(4)当 $w_2 < w < w_3$ 时,均衡如图 2.5 所示;(5)而当 $w_3 < w < w_4$ 时,均衡如图 2.6 所示。(6)当 $w > w_4$ 时,央地项目合作不可能发生。

尽管前面的分析已经清楚地描述了对应于不同外部保留效用的均衡结果,但我们还是希望作一些附加的讨论,从外部保留效用的角度对央地项目合作往往难以奏效的原因作一些解释和说明。

不难发现，w_2 是一个关键的转折点。当 $w < w_2$ 时，不管 β 是多少，任何地方政府都会进行央地项目合作；更加有趣的是，如果它们的参与约束是紧的，它们的施政努力要比 $w = 0$ 时更高。原因是，为了满足它们的参与约束，中央政府就必须提高它们对产业化利润的分享比例，而这必然会增加它们的施政努力。

但是，当 $w > w_2$ 时，保留效用就会成为制约央地项目合作的一个重要原因。此时，β 比较低（$\beta < \beta_m$）的地方政府将不再参加央地项目合作，而 w 越大，β_m 也越大。由此看来，地方政府保留效用太高或许就是央地项目合作难以发生的一个重要原因。

在 $w = 0$ 时，α^* 随着 β 的增加先下降，后增加，最后再下降。与之相比，与 $w > w_2$ 所对应的另一个有趣结果是，此时中央政府提供的产权比例 α^* 变成了 β 的单调减函数。其背后的经济直觉是，在 $w = 0$ 时，当 β 不太大也不太小时，中央政府有积极性通过提高产权比例 α 以削弱地方政府追求额外收益的动机，进而避免产业化短边的发生。很显然，当 $w > w_2$ 时，地方政府的保留效用已经足够高，为了满足那些类型不太高也不太低的地方政府的参与约束，中央政府本身就需要提高他们对产业化利润的分析比例，而这与纠正地方政府的额外收益动机的效应是完全一致的。

（三）引入非对称信息

在前面的分析中，β 是公共信息，中央政府可针对不同的 β 制定不同的产权比例，而地方政府保留效用太高就是阻碍央地合作的唯一原因。本小节旨在从信息不对称的角度进一步阐释央地项目合作往往难以奏效的原因。具体来说，假设地方政府的类型 β 是其私人信息，中央政府只知道地方政府的类型分布函数 $F(\beta)$，而 $F(\beta)$ 具有连续的密度函数 $f(\beta)$。为简化讨论，我们仍然假设 $a^2 = 2b^2$。

与前面一样，中央政府只有一个缔约工具，即地方政府对产业化利润的分成比例 α。不妨将完全信息下均衡的产权比例记为 $\alpha^*(\beta)$。给定中央政府制定分成比例 α，则从前面分析可知，对于 $\beta < \alpha$，$\pi^E(\alpha \mid \beta) < \pi^N(\alpha \mid \beta)$，中

央政府所得为 $\Pi^E(\alpha|\beta)$;对于 $\beta>\alpha$, $\pi^E(\alpha|\beta)>\pi^N(\alpha|\beta)$,中央政府所得为 $\Pi^N(\alpha|\beta)$。这样,给定 α,地方政府 β 所得利润可记为 $\pi^*(\alpha|\beta)=\max\{\pi^E(\alpha|\beta),\pi^N(\alpha|\beta)\}$。注意到,对于任何 β,$\pi^*(\alpha|\beta)$ 总是 α 的增函数。所以,对于某个 β,若 $\alpha<\alpha^*(\beta)$,则与完全信息合同 $\alpha^*(\beta)$ 相比,此时其收益降低了;反之,对于某个 β,如果 $\alpha>\alpha^*(\beta)$,则与完全信息合同 $\alpha^*(\beta)$ 相比,此时其收益提高了。进一步,不妨将完全信息下中央政府利润记为 $\Pi^*(\alpha|\beta)$,则一旦 $\alpha\neq\alpha^*(\beta)$,则必有 $\Pi(\alpha|\beta)<\Pi^*(\alpha^*|\beta)$,因为根据定义,$\Pi^*(\alpha^*|\beta)$ 是中央政府与地方政府 β 合作可得的最高收益。

对照前面的分析,给定 $w\geqslant 0$,则在完全信息下愿意参与央地项目合作的地方政府为 $[\beta_m,1]$。但是,由于最优合同 $\alpha^*(\beta)$ 可能与 β 不是单调的,我们定义 $\alpha^*_{\min}=\min\alpha^*(\beta)$,而 $\alpha^*_{\max}=\max\alpha^*(\beta)$,则中央政府的目标就是选择 $\alpha\in[\alpha^*_{\min},\alpha^*_{\max}]$ 以最大化其利润。

进一步,定义两个集合:$\Omega^E(\alpha)=\{\beta:\pi^E(\alpha|\beta)>\pi^N(\alpha|\beta)$ 或 $\beta<\alpha\}$,$\Omega^N(\alpha)=\{\beta:\pi^E(\alpha|\beta)<\pi^N(\alpha|\beta)$ 或 $\beta>\alpha\}$,则 Ω^E 是在 α 合同下其努力选择使得 $P^A=P^B$ 的所有 β 的集合,而 Ω^N 则是在 α 合同下其努力选择使得 $P^A>P^B$ 的所有 β 的集合。需要指出的是,给定 $w>0$,当 α 足够低时,Ω^E 可能是空集。与之对应,在 α 合同下中央政府所得为:

$$\int_{\Omega^E(\alpha)}\Pi^E(\alpha|\beta)dF(\beta)+\int_{\Omega^N(\alpha)}\Pi^N(\alpha|\beta)dF(\beta) \quad (2.24)$$

注意到 α 的变化不但会影响 $\Pi^E(\alpha|\beta)$ 和 $\Pi^N(\alpha|\beta)$,而且可能会通过影响 $\pi^E(\alpha|\beta)$ 和 $\pi^N(\alpha|\beta)$ 来影响 $\Omega^E(\alpha)$ 和 $\Omega^N(\alpha)$。所以,对应不同的 w 和 α,要刻画中央政府对 α 的最优选择将是非常繁琐的。鉴于此,本章只是对其进行一些定性分析,并借此说明信息不对称对央地项目合作的影响。

命题 2.3 给定 $f(\beta)$ 是连续分布的,而 β 是地方政府的私人信息,在均衡情况下,中央政府选择的利润分享比例为 $\alpha^{**}\in(\alpha^*_{\min},\alpha^*_{\max})$。

证明:我们可以分两步来证明。

第一,假设中央政府初始的产权比例为 $\alpha^*_{\max}$。考虑将产权比例稍微降低,即将产权比例降到 $\alpha^*_{\max}-\varepsilon$,其中 ε 是一个正的无穷小量。我们所需要说明的是,这样一个变化对中央政府是有利可图的。不妨将完全信息下最优产权比例属于$[\alpha^*_{\max}-\varepsilon,\alpha^*_{\max}]$的地方政府集合记为$\omega_1$,而最优产权比例属于$[\alpha^*_{\min}-\varepsilon,\alpha^*_{\max}]$的地方政府集合记为$\omega_2$。根据$\alpha^*$的定义,当发生这样一个产权变化后,中央政府从$\omega_1$中的所得减少,而从$\omega_2$中的所得增加。注意到$\varepsilon\to 0$时$\omega_1$的测度趋近于零,而$\omega_2\to\Omega^E(\alpha)+\Omega^N(\alpha)$。这样,当$\varepsilon\to 0$时,这个微小的产权变化通过影响$\omega_1$而对中央政府利润所产生的影响只具有二阶效应(它对$\omega_1$的测度的影响是一个一阶效应,对中央政府从每个$\omega_1$中地方政府所得利润的影响也是一个一阶效应,而总效应大体上可以看成两个一阶效应的乘积),但它通过影响ω_2而对中央政府利润所产生的影响却是一个一阶效应(因为此时它对ω_2的测度的影响可以忽略不计)。很显然,$\varepsilon\to 0$时,二阶效应可以忽略,或一阶效应占优,即中央政府从这个变化中所得收益为正,进而必有$\alpha^{**}<\alpha^*_{\max}$。

第二,假设中央政府初始的产权比例为$\alpha^*_{\min}$。现在考虑将产权比例提高到$\alpha^*_{\min}+\varepsilon$,其中$\varepsilon$是一个正的无穷小量。很显然,基于和上面完全类似的逻辑,我们就可以证明这样一个变化对中央政府也是有利可图的,即最终必有$\alpha^{**}>\alpha^*_{\min}$。证毕。

根据命题2.3,我们可以探讨信息不对称对央地项目合作可能性的影响。在完全信息情形下,面对某个特定类型的地方政府,中央政府在制定分成比例时需要考虑的是一个抽租和效率权衡:α越大,中央政府的利润份额越小,但相应地,地方政府的施政努力程度就越高,进而越有可能避免产业化短边的发生。在非对称信息下,上述抽租与效率之间的权衡仍然是存在的,但此时由于中央政府无法分辨地方政府具体类型且只能制定一个通用分成比例α^{**},抽租造成的效率损失会更大(对中央政府而言)。特别地,给定β是连续分布的,$\alpha^{**}=\alpha^{**}(\beta)$的测度为零;所以,对于任何$\beta$使得$\alpha^{**}=\alpha^{**}(\beta)$者,相对于完全信息情形,中央政府会过度抽租;对于任何β使得$\alpha^{**}<\alpha^{**}(\beta)$者,中央政府会抽租不足(此处"过度"或"不足"都是从中央政府角度而非社会角度而言)。我们主要关心的是第二种效应。如果$f(\beta)$在β比较大的地方密度更高,中央政府就会为了避免给这些β比较大的地方政府让渡太多租金而制定相对较低的α。特别地,如果在完全信息下β较低者的参与约束是紧的,这种"无歧视"的低分成比例就无法满足β较低者的参与约束,即中央

政府与他们就无法达成央地项目合作。这表明,存在非对称信息时,中央政府出于抽租目的或为了压缩高能力地方政府的信息租金,宁可放弃与 β 较低的地方政府进行央地项目合作的机会。

三、本章小结

本章分析了央地项目合作过程中,中央政府与地方政府的目标差异,前者关注协调发展所带来的产业利润,而后者不但关心产业化利润,还具有额外收益的动机。由此,中央政府在提供利润分成合同时面临着一个双重激励问题:第一,激励地方政府的"整体"努力水平;第二,激励地方政府采取相对均衡的努力水平,避免产业化短边的发生。很显然,若只考虑第一种效应,中央政府提供利润分成合同时面临的抽租与激励权衡就与经典的租佃问题是完全类似的,这没有任何新颖之处。而本章的主要贡献就在于讨论了中央政府与地方政府的目标差异对均衡利润分成比例的影响。一方面,地方政府追求额外收益的动机可以弱化中央政府面临的整体激励问题,因为从施政努力中,地方政府不但可以获得产业化利润分成,还可以获得一定的额外收益。另一方面,额外收益动机也可能会恶化中央政府的激励结构问题,因为地方政府有可能为了追逐额外收益而将施政努力投在产业化"长边"上,带来非协调发展的问题。本章分析表明,随着地方政府额外收益动机的增强,均衡的利润分成比例变化是非单调的,先下降,后增加,最后再下降。

在拓展模型中,我们分析了造成央地项目合作难以进行的一些原因,主要包括以下几个方面:第一,地方政府的保留效用太高;第二,中央政府与地方政府对业绩评价的标准有较大差异;第三,地方政府类型的不同,其追求额外收益的动机是私人信息。

第三章
区域同质产品数量竞争

一、引 言

在上一章中,我们讨论了央地分权情况下央地目标差异对央地合作以及利润分成的影响。相当于讨论了分权框架中的"纵向关系"。从这一章开始,我们将关注央地分权框架中的"横向关系",也就是讨论地方政府之间的竞争关系。基于对中国现实的观察,我们特别强调了分权体制下地方政府之间的 GDP 锦标赛竞争。这意味着,对每个地方政府来说,不但自己 GDP 的绝对绩效是重要的,而且,它与其他地方政府的 GDP 相对绩效也是重要的。在这一章与下一章,我们将讨论相对绩效评估下的区域竞争。

作为一种简化,我们将考虑两个地方政府,两个企业,每个地方政府实际上由当地企业来代表。在现有体制下,这也是一个较为合理的模型刻画,因为每个地方政府对其所在地企业有很强的影响力。我们分别考察了两种意义上的相对绩效。第一,基于利润的相对绩效评估。也就是说,如果某个地方企业的利润低于另一个地方企业的利润,它就会受到惩罚,反之则受到奖励。第二,基于产量的相对绩效评估。也就是说,如果某个地方企业的产量低于另一个地方企业的产量,它就会受到惩罚,反之则受到奖励。不管采取哪种定义,每个企业的"实际收益"对奖励或惩罚的敏感度刻画了相对绩效评估的强弱。

关于相对绩效评估的影响,我们主要关注的问题是恶性竞争与重复建设。我们将恶性竞争定义为价格低于边际成本的现象,而重复建设则是指市场导致的产品差异度小于社会最优水平。

关于重复建设,我们将在下一章的差异化产品模型中进行分析。在这一章,我们主要关注相对绩效评估与恶性竞争之间的关系。为此,我们假设两个地方生产的是同质产品。根据博弈时序,我们分别考虑了古诺博弈(两个企业同时行动)和斯塔科尔伯格博弈(其中一个先行动,另一个后行动)。

先谈一下古诺博弈的分析结果。首先,不管采取哪种相对绩效评估的定义,相对绩效评估权重越高,两个地方企业之间的竞争都会愈加激烈。其原因是,从某个企业角度来说,其产量增加会降低对手企业的利润,进而可以改善自己的相对绩效。但是,给定两个企业是对称的,只有在基于产量的相对绩效评估下,才有可能出现恶性竞争。原因是,引入相对绩效评估相当于降低了每个企业可以感知的边际成本(Perceived Cost),而当相对绩效评估权重超过某个临界值时,恶性竞争就可能会出现,即均衡情况下某个企业的定价会低于其边际成本。但是,给定此时企业的均衡收益为负而不进入市场的收益为零,我们就必须考虑进入和退出的问题。分析表明,这时候实际上会出现两个非对称的纯战略纳什均衡和一个混合战略纳什均衡。给定一个企业进入,另一个企业的最优选择就是不进入。进入者获得垄断收益,而不进入者获得零。很显然,纯战略纳什均衡下不会出现恶性竞争。对应混合战略纳什均衡,某个企业以一定概率进入市场,而进入市场的预期收益与不进入市场的预期收益是一样的,都为零。这样,一旦两个企业都进入了,恶性竞争就出现了。分析表明,相对绩效评估权重越大,恶性竞争出现的均衡概率越低,但一旦出现,恶性竞争的激烈程度却越大,即价格低于边际成本的幅度将越大。

再谈一下相对绩效评估下斯塔科尔伯格博弈的分析结果。与经典的斯塔科尔伯格博弈相比,引入相对绩效评估会放大领导者的先动优势,因为此时领导者增加产量不但有助于降低追随者的产量(产量竞争是战略替代的),而且还有助于改善自己的相对绩效。但有趣的是,领导者的产量并非相对绩效评估权重的单调增函数。进一步,对应到进入阻挠分析,引入相对绩效评估会产生一个非常不同的结果:即便追随者进入市场的固定成本为零,进入阻挠也有可能会出现。其原因是,在基于产量的相对绩效评估下,领导者可以通过策略性地增加自己的产量从而制造出"内生的"的进入壁垒。

二、基于利润的相对绩效评估

(一)古诺博弈

不失一般性,假设市场需求函数为 $p = 1 - Q$。市场中有分属于两个区域 1 和 2 的两个企业 1 和 2,它们生产同质产品,边际成本都为零。两个企业进行古诺竞争,即它们都以产量为策略变量。给定企业 1 选择产量 q_1,企业 2 选择产量 q_2,则市场价格为 $p = 1 - q_1 - q_2$,企业 1 和企业 2 的利润分别为

$$\pi_1 = (1 - q_1 - q_2) q_1 \tag{3.1}$$

$$\pi_2 = (1 - q_1 - q_2) q_2 \tag{3.2}$$

我们假设两个企业面临相对绩效评估,即它们的"实际收益"是自己利润的增函数,是对手利润的减函数。与之对应,企业 1 和 2 的实际收益分别为

$$\Pi_1 = \pi_1 - \theta \pi_2 = (1 - q_1 - q_2)(q_1 - \theta q_2) \tag{3.3}$$

$$\Pi_2 = \pi_2 - \theta \pi_1 = (1 - q_1 - q_2)(q_2 - \theta q_1) \tag{3.4}$$

其中 $\theta \in [0, 1]$ 代表了相对绩效权重。

企业 1 选择 q_1 最大化它的实际收益 Π_1,与之对应的一阶条件为:

$$\frac{\partial \Pi_1}{\partial q_1} = \frac{\partial \pi_1}{\partial q_1} - \theta \frac{\partial \pi_2}{\partial q_1} = 1 - 2q_1 - (1 - \theta) q_2 = 0 \tag{3.5}$$

类似地,企业 2 的一阶条件是:

$$\frac{\partial \Pi_2}{\partial q_2} = \frac{\partial \pi_2}{\partial q_2} - \theta \frac{\partial \pi_1}{\partial q_2} = 1 - 2q_2 - (1 - \theta) q_1 = 0。 \tag{3.6}$$

联立两个一阶条件,可得均衡结果为

$$q_1^c = q_2^c = q^c = \frac{1}{3-\theta} \tag{3.7}$$

$$p^c = \frac{1-\theta}{3-\theta} \tag{3.8}$$

$$\pi_1^c = \pi_2^c = \pi^c = \frac{1-\theta}{(3-\theta)^2} \tag{3.9}$$

$$\Pi_1^c = \Pi_2^c = \Pi^c = \frac{(1-\theta)^2}{(3-\theta)^2} \tag{3.10}$$

命题 3.1 $\frac{\partial q^c}{\partial \theta} = \frac{1}{(3-\theta)^2} > 0, \frac{\partial p^c}{\partial \theta} = -\frac{2}{(3-\theta)^2} < 0, \frac{\partial \Pi^c}{\partial \theta} = -\frac{2(1-\theta^2)}{(3-\theta)^3} < 0$。

很显然,如果 $\theta = 0$,模型结果将恢复到经典的古诺博弈结果;而如果 $\theta = 1$,我们将得到完全竞争的均衡结果,两个企业的定价都等于边际成本。在这两个极端情况之间,θ 越大,即相对绩效评估权重越大,每个企业的产量也越大。其原因是,对于每个企业而言,增加产量会降低市场价格,进而会降低对手的利润,改善自己的相对绩效。但最终,两个企业就好像陷入了"囚徒困境",θ 越大,它们的实际收益越小。

当然,注意到古诺竞争下市场价格高于边际成本,存在社会福利净损失。而引入相对绩效评估之后,市场价格降低,尽管企业利润下降了,但由于消费者剩余增加,社会福利净损失下降,最终社会总福利增加了。

(二)斯塔科尔伯格博弈

刚才我们考察了基于利润的相对绩效评估下的古诺博弈,其中两个企业是同时行动的,但在很多情况下,两个企业并不是同时行动的。对应到现实中,可能是沿海地区先做某项投资,然后内陆省份再决定是否跟进。为了讨论此种情况下相对绩效评估的作用,我们再来考察基于利润的相对绩效评估下的斯塔科尔伯格博弈,即其中一个企业先选择产量,之后另一个企业再选择产量。不失一般性,假设企业 1 是领导者,企业 2 是追随者。我们对相对绩效的定义和刻画与刚才的古诺博弈是完全一样的。我们将用逆向归纳法来求解这个简单的两阶段博弈。

先看第二阶段。此时企业 1 的产量 q_1 已经给定，企业 2 选择产量 q_2 以最大化它的实际收益 Π_2。显然，企业 2 的一阶条件与古诺博弈下完全相同，由此我们可以得到企业 2 的最优产量为：

$$R_2(q_1) = \frac{1}{2}[1 - (1-\theta)q_1] \tag{3.11}$$

现在回到第一阶段。将 $R_2(q_1)$ 带入可得：

$$p = 1 - q_1 - R_2(q_1) = \frac{1}{2}[1 - (1+\theta)q_1] \tag{3.12}$$

$$\begin{aligned}\Pi_1 &= (1 - q_1 - R_2(q_1))(q_1 - \theta R_2(q_1)) \\ &= \frac{1}{4}[1 - (1+\theta)q_1][-\theta + (2+\theta-\theta^2)q_1]\end{aligned} \tag{3.13}$$

此时，企业 1 选择 q_1 来最大化它的实际收益 Π_1。由一阶条件可得最终的均衡结果为：

$$q_1^* = \frac{1}{2+\theta-\theta^2} \tag{3.14}$$

$$q_2^* = R_2(q_1^*) = \frac{1+2\theta-\theta^2}{2(2+\theta-\theta^2)} \tag{3.15}$$

$$Q^* = \frac{3-\theta}{2(2-\theta)} \tag{3.16}$$

$$p^* = \frac{1-\theta}{2(2-\theta)} \tag{3.17}$$

$$\Pi_1^* = p^*(q_1^* - \theta q_2^*) = \frac{(1-\theta)^2}{4(2-\theta)} \tag{3.18}$$

$$\Pi_2^* = p^*(q_2^* - \theta q_1^*) = [p^*]^2 = \left[\frac{1-\theta}{2(2-\theta)}\right]^2 \tag{3.19}$$

下面来考察相对绩效评估权重 θ 作为参数变化对均衡结果的影响。简单的计算表明：

$$\frac{\partial q_1^*}{\partial \theta} = \frac{2\theta - 1}{(2+\theta-\theta^2)^2} \tag{3.20}$$

$$\frac{\partial q_2^*}{\partial \theta} = \frac{3 - 2\theta + \theta^2}{2(2+\theta-\theta^2)^2} > 0 \tag{3.21}$$

$$\frac{\partial p^*}{\partial \theta} = \frac{-1}{2(2-\theta)^2} < 0 \qquad (3.22)$$

$$\frac{\partial Q^*}{\partial \theta} = -\frac{\partial p^*}{\partial \theta} = \frac{1}{2(2-\theta)^2} > 0 \qquad (3.23)$$

$$\frac{\partial \Pi_1^*}{\partial \theta} = \frac{-3+\theta}{4(2-\theta)^2} < 0 \qquad (3.24)$$

$$\frac{\partial \Pi_2^*}{\partial \theta} = 2p^* \frac{\partial p^*}{\partial \theta} < 0 \qquad (3.25)$$

如果相对绩效评估权重 θ 增加,追随者的产量 q_2^* 必然增加,其原因与前面古诺博弈是完全一样的。

但与古诺博弈不同的是,此时企业 1 作为领导者,其产量不再随 θ 的增加而单调增加。具体来说,如果相对绩效评估权重 θ 比较低(即 $\theta < \frac{1}{2}$),则企业 1 的产量是 θ 的减函数;反过来,如果相对绩效评估权重比较高(即 $\theta > \frac{1}{2}$),则企业 1 的产量是 θ 的增函数。

其背后的原因是,企业 1 在选择产量 q_1 时有两个方面的考量。第一,与经典的斯塔科尔伯格博弈一样,企业 1 具有先动优势。需要注意的是数量博弈是战略替代的,企业 1 产量增加,留给企业 2 的"剩余需求"就减小,进而会导致企业 2 产量和利润下降,当相对绩效权重增加时,企业 1 就越有积极性增加产量以降低企业 2 的利润。第二,与经典的斯塔科尔伯格博弈不同,在第二阶段企业 2 在选择产量时,为了最大化自己的"实际收益",企业 2 不但要考虑如何提高自己的利润,也需要考虑如何降低企业 1 的利润。而对企业 2 来说,降低企业 1 利润的办法当然就是增加它自己的产量,很显然,相对绩效权重越高,它增加产量的动机就越强。预料到企业 2 的反应,企业 1 就不能制定太高的产量,以防两个企业的利润之差太大(即企业 1 的相对绩效太好)。综合起来看,当相对绩效评估权重 θ 比较低时,第一种效应占优,而当相对绩效评估权重 θ 比较高时,第二种效应就占优了。

尽管企业 1 的领导者产量与 θ 具有非线性关系,但市场总产量 Q^* 总是随 θ 的增加而增加,进而市场价格总是随着 θ 的增加而下降。进一步来说,相对绩效评估权重越大,两个企业之间的竞争变得愈加激烈,最终它们的利润都越低。

最后,注意到 $\Pi_1^* - \Pi_2^* = p^*(1+\theta)(q_1^* - q_2^*) > 0$。所以,引入相对绩效评估后,企业 1 作为领导者,仍然具有先动优势。

我们将上面的分析结果总结为下面的命题:

命题 3.2 考虑基于利润的相对绩效评估下的斯塔科尔伯格博弈。当相对绩效评估权重 θ 增加时,领导者企业 1 的产量可能下降(当 $\theta < \frac{1}{2}$ 时),也可能增加(当 $\theta > \frac{1}{2}$ 时),但追随者企业 2 的产量和市场总产量必然增加,市场价格以及两个企业的实际收益都会下降。对于任何 θ,企业 1 作为领导者都享有先动优势。

在刚才的分析中,我们假设企业 2 没有进入成本,因而企业 2 总会选择进入。下面我们来考虑引入相对绩效评估对市场进入的影响。不失一般性,假设企业 2 的进入成本为 F。如果企业 2 不进入,由于两个企业不在同一市场,它们将不再面临相对绩效评估。由此,如果企业不进入,其净收益为零,而企业 1 的净收益也就等于它本身的利润。

具体地,此时的博弈时序如下:第一阶段,企业 1 选择产量 q_1,选定之后就不能更改;第二阶段,企业 2 在观察到 q_1 后决定是否进入。如果进入,则需支付固定成本 F,然后再选择它的产量 q_2。同样,我们还是用逆向归纳法来求解这个两阶段博弈的子博弈完美均衡。

首先明确,给定企业 2 总是不进入,那么企业 1 的最优产量选择就是 $q^m = \frac{1}{2} = \arg\max_q (1-q)q$,与之对应,企业 1 的最优垄断利润为 $\pi^m = \frac{1}{4}$。

下面我们需要考察的是,企业 1 作为领导者是否有积极性和策略性地提高产量,以阻挠追随者企业 2 进入呢?我们的分析思路是,先假设企业 2 进入,然后再考察其所得净收益,如果其进入的所得净收益小于不进入的所得净收益,则不进入。

我们先来确定在什么产量下企业 2 就不愿意进入了?假设企业 1 的产量为 q_1,如果企业 2 进入并选择产量 q_2,那么市场价格为 $p = 1 - q_1 - q_2 = \frac{1}{2}[1-(1+\theta)q_1]$。由前面的分析可知,此时企业 2 最大化其实际收益结

果是:

$$q_2 = R_2(q_1) = \frac{1}{2}[1-(1-\theta)q_1] \tag{3.26}$$

$$\Pi_2^\# = p(R_2 - \theta q_1) = \frac{1}{4}[1-(1+\theta)q_1]^2 \tag{3.27}$$

很显然,只有当这个净收益大于其进入成本时,企业 2 才愿意进入。若令

$$\Pi_2^\# = \frac{1}{4}[1-(1+\theta)q_1]^2 = F \tag{3.28}$$

则可得唯一的临界产量:

$$q_1^\# = \frac{1-2\sqrt{F}}{1+\theta} \tag{3.29}$$

注意到,在有意义的区间中 $\Pi_2^\#$ 是 q_1 的单调减函数。所以,如果企业 1 制定的产量 q_1 大于 $q_1^\# = \dfrac{1-2\sqrt{F}}{1+\theta}$ 时,企业 2 就不愿意进入了。

但是,企业 1 是否真的愿意这样做,还需要进一步的分析才能知道。具体的分析步骤和结果如下:

首先,如果 $\theta + 4\sqrt{F} > 1$,则有 $q_1^\# = \dfrac{1-2\sqrt{F}}{1+\theta} < \dfrac{1}{2} = q_1^m$,那么市场就会呈现"进入封锁"的结果。企业 1 只要选择垄断利润最大化的产量 $q_1^m = \dfrac{1}{2}$ 就可以了。因为这个产量足够大,使得企业 2 已经不愿意进入市场了。

其次,如果 $\theta + 4\sqrt{F} < 1$,则有 $q_1^\# > q_1^m$。此时,如果企业 1 仍然选择 $q_1^m = \dfrac{1}{2}$,那么企业 2 就会进入市场。这时候,企业 1 有两种选择:一是容纳企业 2 进入(Accommodation);二是通过策略性地提高其产量 q_1 使得企业 2 不愿意进入,这就是所谓的"进入阻挠"(Entry deterrence)

在容纳情形下,企业 2 要进入,则如前面所述,企业 1 的最优产量是 $q_1^* = \dfrac{1}{2+\theta-\theta^2}$,实际收益为 $\Pi_1^* = p^*(q_1^* - \theta q_2^*) = \dfrac{(1-\theta)^2}{4(2-\theta)}$。与之相应,企业 2 的产量为 $q_2^* = \dfrac{1+2\theta-\theta^2}{2(2+\theta-\theta^2)}$,企业 2 的实际收益为 $\Pi_2^* = \left[\dfrac{1-\theta}{2(2-\theta)}\right]^2$。

进一步,由于此时 $q_1^\# > q_1^m$,如果企业 1 要实行进入阻挠,其选择的产量就必须满足条件 $q_1 \geqslant q_1^\# > q_1^m$。注意到由于此时企业 1 的垄断利润是其产量的减函数,故企业 1 实行进入阻挠的最优产量就是 $q_1^\#$(由于企业 2 不进入了,根据假设,其产量和实际收益都为零,即 $q_2 = \Pi_2 = 0$),与之对应,此时企业 1 的阻挠利润为:

$$\Pi_1^\# = (1-q_1^\#)q_1^\# = \frac{(\theta+2\sqrt{F})(1-2\sqrt{F})}{(1+\theta)^2} \tag{3.30}$$

这样,企业 1 到底是选择进入阻挠还是进入容纳,就取决于 $\Pi_1^\#$ 和 Π_1^* 的相对大小。不难验证,

$$\Pi_1^\# > \Pi_1^* \Leftrightarrow (\theta+2\sqrt{F})(1-2\sqrt{F}) > \frac{(1-\theta^2)^2}{4(2-\theta)} \tag{3.31}$$

进一步,定义

$$x \equiv 2\sqrt{F}, K(\theta) \equiv \frac{(1-\theta^2)^2}{4(2-\theta)} \tag{3.32}$$

则企业 1 选择进入阻挠的条件 $\Pi_1^\# > \Pi_1^*$ 可以简写为:

$$H(x,\theta) \equiv (\theta+x)(1-x) > K(\theta) \tag{3.33}$$

注意,只有当 $q_1^\# > q_1^m$,即 $x < \frac{1-\theta}{2} \equiv x_0$ 时,才有讨论进入阻挠的必要。所以,由刚才的分析可知,当且仅当 $x < \frac{1-\theta}{2} \equiv x_0$ 且 $H(x,\theta) > K(\theta)$ 同时成立时,企业 1 才会进行进入阻挠。

$H(x,\theta)$ 是一个开口向下的抛物线,在 $x = \frac{1-\theta}{2} \equiv x_0$ 时取最大值,而在 $x < \frac{1-\theta}{2} \equiv x_0$ 时为增函数。若将 $\frac{1-\theta}{2} \equiv x_0$ 代入,则有 $H(x_0,\theta) = \frac{(1+\theta)^2}{4}$。不难验证,对于任何 $\theta \in [0,1]$,总是有 $H(x_0,\theta) > K(\theta)$ 成立。

当 $x = 0$ 时,$H(0) = \theta$,故 $K(\theta) - H(0,\theta) = K(\theta) - \theta$ 的符号取决于 $\Lambda(\theta) = \theta^4 + 2\theta^2 - 8\theta + 1$。注意到,给定 $\theta \in [0,1]$,$\Lambda(0) = 1 > 0$,$\Lambda(1) = -4 < 0$ 而 $\Lambda'(\theta) = 4\theta^3 + 4\theta - 8 < 0$,因而由中值定理可知,存在唯一的 $\theta^\# \in (0,1)$ 使得

$$H(0,\theta^\#) = K(\theta) \tag{3.34}$$

使得当 $\theta > \theta^{\#}$ 时，$H(0,\theta) > K(\theta)$，而 $\theta < \theta^{\#}$ 时，$H(0,\theta) < K(\theta)$。

注意到 $x < \dfrac{1-\theta}{2} \equiv x_0$ 时，$H(x,\theta)$ 是 x 的增函数，故对任何 $x > 0$，都有 $H(x,\theta) > H(0,\theta)$。

这样，如图 3.1 所示，在 $\theta > \theta^{\#}$ 时，对任何的 x，都有 $H(x,\theta) > H(0,\theta) > K(\theta)$，即企业 1 采取阻挠的利润总是大于容纳利润。相对于没有相对绩效评估的情形，这是一个全新的结果：即便没有通常意义上的进入成本，即 $x = F = 0$，这时候企业 1 也能够凭借先动优势而获得更好的相对绩效，而从企业 2 的角度来说，就变成了"进入成本"了。一旦相对绩效评估强度足够大（$\theta > \theta^{\#}$），这个进入成本就足以让企业 1 阻挠企业 2 的进入了。

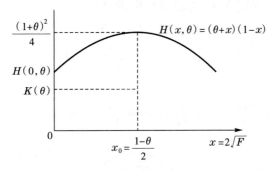

图 3.1 $\theta > \theta^{\#}$ 的情形

在 $\theta < \theta^{\#}$ 时，因为 $H(0,\theta) < K(\theta)$，则由中值定理，存在唯一的 $x^{\#}(\theta)$ 使得
$$H(x^{\#},\theta) = K(\theta) \tag{3.35}$$

进而如图 3.2 所示，当 $x < x^{\#}$ 时，$H(x,\theta) < K(\theta)$，则企业 1 会采取容纳策略；而当 $x > x^{\#}$ 时，$H(x,\theta) > K(\theta)$，则企业 1 会采取进入阻挠策略。

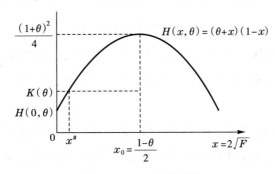

图 3.2 $\theta < \theta^{\#}$ 的情形

特别地，当 $\theta = 0$ 时，我们的结果恢复到经典结果。其中 $x_0(0) = \dfrac{1}{2}$，$K(0) = \dfrac{1}{8}$，$H(0,0) = 0$，$x^\#(0) = \dfrac{2-\sqrt{2}}{4}$。此时，当 $F > \dfrac{1}{16}$ 时，进入封锁；当 $F < \dfrac{(2-\sqrt{2})^2}{64}$ 时，进入容纳；而当 $\dfrac{(2-\sqrt{2})^2}{64} < F < \dfrac{1}{16}$ 时，进入阻挠。

下面讨论 $\theta < \theta^\#$ 时相对绩效评估权重参数 θ 变化对均衡结果的影响。很显然，θ 越大，x_0 越小，即越有可能发生进入封锁。所以，关键是考察 θ 对 $x^\#$ 的影响。

根据 $x^\#(\theta)$ 的定义式，由隐函数定理可知

$$\dfrac{\partial x^\#}{\partial \theta} = -\dfrac{\dfrac{\partial H}{\partial \theta} - \dfrac{\partial K}{\partial \theta}}{\dfrac{\partial H}{\partial x^\#}} < 0 \tag{3.36}$$

其中，我们利用了 $\dfrac{\partial H}{\partial \theta} > 0$，$\dfrac{\partial K}{\partial \theta} < 0$ 和 $\dfrac{\partial H}{\partial x^\#} > 0$。

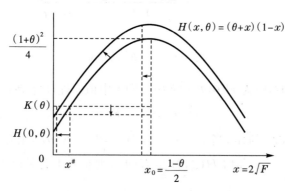

图 3.3　$\theta < \theta^\#$ 时 θ 增加对均衡的影响

更具体地，如图 3.3 所示，给定 $\theta < \theta^\#$，如果相对绩效评估强度 θ 增加，$H(x,\theta)$ 向左上方移动，而 $K(\theta)$ 则向下平移，因而它们的交点的横坐标，即 $x^\#$ 变小了。

此结果背后的经济直觉是，由于企业 1 具有先动优势，其利润更高，即相对绩效更好；这样，如果相对绩效评估的强度增加，就扩大了企业 2 因为相对绩效更差而承担的内生的进入成本，进而使得企业 1 可以在一个更小

的进入成本 F 下就可以实施进入阻挠策略了。特别地,如果 θ 增加很多,在 $x \in [0, x_0]$ 的有意义区间中,$H(x,\theta)$ 无法与 $K(\theta)$ 相交了,这就回到了 $\theta > \theta^\#$ 的前述情形了。

我们将上面的分析结果总结为如下的命题:

命题 3.3 考虑基于利润的相对绩效评估下的斯塔科尔伯格博弈,其中相对绩效评估权重为 θ。假设企业 2 作为追随者的进入成本为 F。由可以确定唯一的 $\theta^\#$。(1) 如果 $\theta > \theta^\#$,则企业 2 总是被阻挠进入,即便 $F=0$ 也是如此。(2) 如果由 $\theta < \theta^\#$,则可进一步由确定唯一的 $x^\#$。当 $x = 2\sqrt{F} < x^\#$ 时,企业 1 会采取容纳策略;而当 $x > x^\#$ 时,企业 1 会采取进入阻挠策略。此时强化相对绩效评估会降低 $x^\#$,即会增加进入阻挠的可能性。

三、基于产量的相对绩效评估

在上一节,我们详细讨论了基于利润的相对绩效评估下的古诺竞争和斯塔科尔伯格竞争。在这一节,我们再考虑基于产量的相对绩效评估。基本的模型设定与前面是类似的。我们还是假设市场需求为 $p = 1 - Q$。市场中有两个企业 1 和 2,它们的边际成本分别为 c_1 和 c_2,它们生产同质产品。为使问题有意义,假设 $\max(c_1, c_2) < 1$。在此我们之所以没有将两个企业的生产成本标准化为零,是因为基于产量的相对绩效评估的作用在于改变整个企业的"感知成本"(perceived cost),而感知成本差异的大小又是决定均衡结果的一个关键因素。

给定企业 1 选择产量 q_1,企业 2 选择产量 q_2,则市场价格为 $p = 1 - q_1 - q_2$,企业 1 和企业 2 的利润分别为:

$$\pi_1 = (1 - q_1 - q_2 - c_1)q_1 \tag{3.37}$$

$$\pi_2 = (1 - q_1 - q_2 - c_2)q_2 \tag{3.38}$$

与前面不一样的是,现在两个企业的实际收益分别为:

$$\Pi_1 = \pi_1 + \eta(q_1 - q_2) = (1 + \eta - q_2 - q_1 - c_1)q_1 - \eta q_2 \tag{3.39}$$

$$\Pi_2 = \pi_2 + \eta(q_2 - q_1) = (1 + \eta - q_1 - q_2 - c_2)q_2 - \eta q_1 \tag{3.40}$$

其中参数 $\eta \in [0, \infty)$,企业 i 的相对绩效表现为 $q_i - q_j$。对于企业 i 而

言,如果 $q_i > q_j$,他将得到奖励 $\eta(q_i - q_j) > 0$,反之,它就会受到惩罚。

(一)古诺博弈

首先,假设两个企业进行古诺博弈。根据纳什均衡的定义,每个企业都在对手产量给定的情况下,选择自己的产量以最大化实际收益。这样,企业 1 和企业 2 的一阶条件分别为:

$$\frac{\partial \Pi_1}{\partial q_1} = 1 + \eta - c_1 - 2q_1 - q_2 = 0 \tag{3.41}$$

$$\frac{\partial \Pi_2}{\partial q_2} = 1 + \eta - c_2 - 2q_2 - q_1 = 0 \tag{3.42}$$

联立两个一阶条件,可得此种情况下的古诺均衡结果:

$$q_1^c = \frac{1 + \eta - 2c_1 + c_2}{3} \tag{3.43}$$

$$q_2^c = \frac{1 + \eta - 2c_2 + c_1}{3} \tag{3.44}$$

$$Q^c = q_1^c + q_2^c = \frac{2(1 + \eta) - c_1 - c_2}{3} \tag{3.45}$$

$$p^c = 1 - Q^c = \frac{1 - 2\eta + c_1 + c_2}{3} \tag{3.46}$$

$$\pi_1^c = \frac{(1 - 2\eta - 2c_1 + c_2)(1 + \eta - 2c_1 + c_2)}{9} \tag{3.47}$$

$$\pi_2^c = \frac{(1 - 2\eta - 2c_2 + c_1)(1 + \eta - 2c_2 + c_1)}{9} \tag{3.48}$$

$$\Pi_1^c = \pi_1^c + \eta(q_1^c - q_2^c) = \frac{(1 - 2\eta - 2c_1 + c_2)(1 + \eta - 2c_1 + c_2)}{9} + \frac{2\eta(c_2 - c_1)}{3} \tag{3.49}$$

$$\Pi_2^c = \pi_2^c + \eta(q_2^c - q_1^c) = \frac{(1 - 2\eta - 2c_2 + c_1)(1 + \eta - 2c_2 + c_1)}{9} + \frac{2\eta(c_1 - c_2)}{3} \tag{3.50}$$

A:对称情形

下面来考察均衡结果的性质。作为分析的起点,我们先考虑对称的情形,即令 $c_1 = c_2 = c$,将其带入上面各式,对称情形下的均衡结果就简化为:

$$q_1^c = q_2^c = q^c = \frac{1+\eta-c}{3} \tag{3.51}$$

$$Q^c = q_1^c + q_2^c = \frac{2(1+\eta-c)}{3} \tag{3.52}$$

$$p^c = 1 - Q^c = \frac{1+2(c-\eta)}{3} \tag{3.53}$$

$$\pi_1^c = \pi_2^c = \pi^c = \frac{(1-2\eta-c)(1+\eta-c)}{9} \tag{3.54}$$

$$\Pi_1^c = \pi_1^c = \Pi_2^c = \pi_2^c = \Pi^c = \frac{(1-2\eta-c)(1+\eta-c)}{9} \tag{3.55}$$

命题 3.4 考虑基于产量的相对绩效评估下的古诺博弈。给定 $c_1 = c_2 = c$，则 $\frac{\partial q^c}{\partial \eta} = \frac{1}{3} > 0$，$\frac{\partial p^c}{\partial \eta} = -\frac{2}{3} < 0$，$\frac{\partial \Pi^c}{\partial \eta} = -\frac{1+4\eta-c}{9} < 0$。

这表明，对应于对称情形，在基于产量的相对绩效评估体系下，如果相对绩效评估权重 η 增加，每个企业的古诺产量以及市场总产量也随之增加，但均衡市场价格随之下降。

其背后的原因与基于利润的相对绩效评估体系是类似的，相对绩效评估权重越大，每个企业增加产量就越能改善自己的相对绩效。实际上，与标准的古诺博弈相比就可发现，此时对称均衡下每个企业的产量，在形式上与两个边际成本为 $c-\eta$ 的企业进行同质产品古诺博弈而得到的结果是完全相同的。换句话说，面临相对绩效评估时，每个企业"感知"到的边际成本并不是 c，而是 $c-\eta$。这样，对应到对称企业的双寡头古诺博弈下，每个企业的均衡产量是其边际成本的增函数，感知成本的降低，必然使得两个企业的均衡产量增加，进而市场价格下降。

尽管由于"感知成本"（Perceived cost）的下降使得每个企业都有积极性增加产量以改善自己的相对绩效，但在均衡情况下，由于对称性，他们的均衡产量是一样的，因而相对绩效也是一样的。其结果是，在相对绩效评估下两个企业就好像陷入了"囚徒困境"，它们的均衡利润都下降了。所以，与边际成本为 $c-\eta$ 的标准古诺博弈相比，每个企业的均衡利润都下降了。

在基于利润的相对绩效评估下，不管相对绩效评估权重如何变化，均衡结果下每个企业的价格总是高于边际成本的，它们的实际收益总是正的。

但是,一旦两个企业面临的是基于产量的相对绩效评估,情况却有很大的不同。从形式上看,一旦 $\eta > \frac{1-c}{2}$,它们的均衡价格 $p^c = \frac{1+2(c-\eta)}{3} < c$ 和均衡收益 $\Pi^c = \frac{(1-2\eta-c)(1+\eta-c)}{9} < 0$。

由于此时两个企业的边际生产成本都为 c,所以社会福利最大化的价格也就是 $p=c$。如果市场价格高于 c,则产量低于社会最优水平,市场仍然存在由垄断扭曲而导致的社会福利净损失。相反,一旦市场价格低于边际成本 c,两个企业实际上就是在进行"恶性竞争",因为此时社会的边际效用已经小于边际成本了。

此处论述"恶性竞争"时有一个隐含的假设条件,即两个企业不能退出市场。进入或退出往往被看作是企业的长期决策。由此,我们可以将恶性竞争看作企业无法退出市场时的短期均衡结果。但我们认为,要将恶性竞争真正考虑清楚,我们还必须考虑企业的进入决策。

为了分析这种情况,我们只需在上述古诺博弈前加上一个进入决策。也就是说,现在的博弈时序是这样的:第 0 阶段,两个企业同时决定是否进入。我们假设进入决策是一次性的,如果在第 0 阶段不进入,后面也不能进入。很显然,总共有四种可能性,即(进入,进入)、(不进入,进入)、(进入,不进入)、(不进入,不进入),其中括号内第一项代表了企业 1 的决策,第二项代表了企业 2 的决策。所以,(不进入,进入)表示企业 1 不进入,而企业 2 进入。其他做类似的理解。

第 1 阶段,两个企业都能观察到对手的进入决策。对应于(不进入,进入)或(进入、不进入),进入市场的企业变为垄断者,它将获得垄断利润。但对应于(进入,进入),两个企业将面临相对绩效评估,其博弈结果如前面所刻画。

不难理解,这个博弈有两个纯战略纳什均衡(进入、不进入)和(不进入,进入)。以(进入,不进入)为例进行说明。给定企业 1 肯定进入,企业 2 的最优选择就是不进入,因为它进入之后的实际收益是负的,小于它不进入的收益 0;进一步,给定企业 2 不进入,企业 1 的最优决策就是进入,因为不进入只能获得 0,而进入之后却可以获得垄断利润。对称地,(不进入,进入)

也是纯战略纳什均衡。显然,在纯战略纳什均衡下,恶性竞争不可能出现。

在 $\eta > \dfrac{1-c}{2}$ 的前提条件下,为了讨论"恶性竞争"的可能性,我们更感兴趣的是混合战略纳什均衡。根据纳什均衡数目的奇数定理,给定有两个纯战略纳什均衡,则必然存在对应的混合战略纳什均衡。

下面就来求解这个混合战略纳什均衡。根据对称性,假设企业 1 和 2 进入市场的概率为 λ,则他们不进入市场的概率为 $1-\lambda$。

考虑企业 1,如果它进入市场,企业 2 也进入市场(其概率为 λ),则它获得利润 $\pi^c = \dfrac{(1-2\eta-c)(1+\eta-c)}{9} < 0$;但如果企业 2 不进入(其概率为 $1-\lambda$),则它获得垄断利润 $\pi^m = \dfrac{(1-c)^2}{4} > 0$。因而,它进入市场的预期收益为

$$E\pi = \lambda \pi^c + (1-\lambda) \pi^m \tag{3.56}$$

注意到,如果某个企业不进入市场,它的收益为零。这样,由混合战略的定义可知,它进入市场的实际收益也必然为零。正是利用这个条件,我们就可以确定出均衡概率 λ。具体地,令

$$E\pi = \lambda \pi^c + (1-\lambda) \pi^m = 0 \tag{3.57}$$

可得均衡的进入概率为:

$$\lambda^c = \dfrac{\pi^m}{\pi^m - \pi^c} = \dfrac{1}{1 + J(c, \eta)} \tag{3.58}$$

其中

$$J(c, \eta) = -\dfrac{\pi^c}{\pi^m} = \dfrac{4(\eta+1-c)(2\eta-1+c)}{(1-c)^2} > 0 \tag{3.59}$$

下面来考察参数变化对均衡进入概率的影响。首先,

$$\dfrac{\partial J(c, \eta)}{\partial \eta} = \dfrac{4(4\eta+1-c)}{9(1-c)^2} > 0 \tag{3.60}$$

进一步,为了表述方便,定义 $x = 1-c$,则

$$J(c, \eta) \equiv J(x, \eta) = \dfrac{4(\eta+x)(2\eta-x)}{9x^2} = \dfrac{4\eta(2\eta+x)}{9x^2} - \dfrac{4}{9} \tag{3.61}$$

所以，

$$\frac{\partial J(c,\eta)}{\partial c} = -\frac{\partial J(x,\eta)}{\partial x} = \frac{4\eta(4\eta+x)}{9x^3} = \frac{4\eta(4\eta+1-c)}{9(1-c)^3} > 0 \quad (3.62)$$

$$\frac{\partial \lambda^c}{\partial c} = -\frac{1}{(1+J)^2}\frac{\partial J(c,\eta)}{\partial c} < 0 \quad (3.63)$$

$$\frac{\partial \lambda^c}{\partial \theta} = -\frac{1}{(1+J)^2}\frac{\partial J(c,\eta)}{\partial \eta} < 0 \quad (3.64)$$

最终，在这个混合战略均衡下，两个企业都进入市场的概率为

$$\Lambda = (\lambda^c)^2 \quad (3.65)$$

$$\frac{\partial \Lambda}{\partial c} = 2\lambda^c \frac{\partial \lambda^c}{\partial c} < 0 \quad (3.66)$$

$$\frac{\partial \Lambda}{\partial \eta} = 2\lambda^c \frac{\partial \lambda^c}{\partial \eta} < 0 \quad (3.67)$$

命题 3.5 考虑基于产量的相对绩效评估下的古诺博弈。给定 $c_1 = c_2 = c$，$\eta > \frac{1-c}{2}$，则此古诺竞争共有三个均衡，其中两个为非对称纯战略纳什均衡，一个是混合战略纳什均衡。在混合战略均衡下，每个企业进入市场的概率为 λ^c，而两个企业同时进入市场进而造成"恶性竞争"的概率为 $\Lambda = (\lambda^c)^2$。进一步，当相对绩效评估权重 η 增加时，或者两个企业的边际成本上升时，"恶性竞争"发生的概率就会下降。

下面再简单谈一下福利分析。给定 $\eta > \frac{1-c}{2}$，在非对称纯战略纳什均衡下，市场最终导致垄断结果，因而相对绩效评估权重 θ 的变化不会影响社会福利。但需要强调的是，这个结果的前提条件是 $\eta > \frac{1-c}{2}$。反过来讲，如果 $\eta < \frac{1-c}{2}$，两个企业都会进入市场，因为他们的实际收益都为零。注意到 $\eta = \frac{1-c}{2}$ 时，相对绩效评估下古诺博弈的市场价格恰好等于边际成本。

总结起来，如果政府制定 $\eta = \frac{1-c}{2}$，就可以实施社会最优结果。如果 $\eta < \frac{1-c}{2}$，古诺博弈的均衡价格高于成本，市场仍然存在垄断扭曲。更有

趣的是,如果政府制定 $\eta > \dfrac{1-c}{2}$,不但不会改善社会福利,反而会恶化社会福利,原因是导致了完全的垄断。

B:非对称情形

刚才考虑了对称均衡,现在回到更加一般的非对称均衡。不失一般性,假设企业 1 的边际生产成本更低,即有 $c_1 < c_2$。

首先,与对称情形下一样,此时仍然有 $\dfrac{\partial q_1^c}{\partial \eta} = \dfrac{\partial q_2^c}{\partial \eta} = \dfrac{1}{3} > 0, \dfrac{\partial p^c}{\partial \eta} = -\dfrac{2}{3} < 0$,即相对绩效评估权重参数 η 越大,每个企业的古诺产量也越大,市场价格则越低。但正因为 η 对两个企业均衡产量的边际影响是一样的,我们可以得到一个有趣的结果,两个企业的相对绩效只与它们本身的边际生产成本有关,而与相对绩效评估权重参数 η 无关。由于企业 1 成本较低,均衡时其相对绩效也更好:

$$q_1^c - q_2^c = \frac{2(c_2 - c_1)}{3} \tag{3.68}$$

再来看相对绩效评估权重参数 η 变化对两个企业实际收益的影响,简单的计算可得:

$$\frac{\partial \Pi_1^c}{\partial \eta} = -\frac{1 + 4\eta + 4c_1 - 5c_2}{9} \tag{3.69}$$

$$\frac{\partial \Pi_2^c}{\partial \eta} = -\frac{1 + 4\eta + 4c_2 - 5c_1}{9} \tag{3.40}$$

根据假设,$c_1 < c_2 < 1$,故必有 $\dfrac{\partial \Pi_2^c}{\partial \eta} < 0$。这表明,如果相对绩效评估权重增加,企业 2 作为高边际成本企业,其实际收益总是下降的。如上所述,因为其成本较高,故相对绩效较差,因而相对绩效评估权重增加对它总是不利的。

但是,对边际生产成本较低的企业 1 而言,相对绩效权重增加则有两个不同的效应。其一,如上所述,因为他的相对绩效比较好,所以相对绩效评估权重增加是一件好事情。其二,当相对绩效评估权重增加时,每个企业都更有积极性增加产量以改善自己的相对绩效,但如上所述,这实际上并不会改变它们在均衡情况下的相对绩效(因为这只依赖于他们的边际生产成本之差),但却使得市场总产量增加,市场价格下降,进而利润下降。

不难理解,如果两个企业的成本差很小,第一个效应比较弱,相对绩效评估权重增加也会导致企业 1 的实际收益下降。的确,若令 $c_1 \to c_2$,则参考对称情形的结果就可知道,企业 1 的实际收益的确下降了。

更加有趣的问题是看相对绩效评估权重 η 增加是否有可能增加企业 1 的实际收益。我们考虑一种 $\eta \to 0$ 的特殊情形。从经济学含义上看,这种情形刻画的就是:假设起初两个企业没有面临相对绩效评估,而现在要引入相对绩效评估了。将 $\theta \to 0$ 带入可得:

$$\left.\frac{\partial \Pi_1^c}{\partial \eta}\right|_{\eta=0} = -\frac{1+4c_1-5c_2}{9} \tag{3.71}$$

为了使问题有意义,均衡时企业 2 的产量必须非负,即要 $q_2^c = \frac{1+\eta-2c_2+c_1}{3} > 0$,对应于 $\eta \to 0$,这要求 $c_2 < \frac{1+c_1}{2}$。若将 $c_2 = \frac{1+c_1}{2}$ 带入上式,可得:

$$\left.\frac{\partial \Pi_1^c}{\partial \eta}\right|_{c_2=\frac{1+c_1}{2}, \eta=0} = \frac{1-c_1}{6} > 0 \tag{3.72}$$

这明确地表示,在这种特殊情形下,相对绩效评估权重增加,企业 1 的利润会增加。注意到上式不等号是严格成立的,故由连续性原理可知,对应稍微大一些的 η 以及稍微小一些的 c_2,我们仍然能够得到企业 1 利润随相对绩效评估权重的增加而增加的结果。

命题 3.6 考虑基于产量的相对绩效评估下非对称成本古诺博弈。假设 $c_1 < c_2 < 1$,即企业 1 成本更低。如果相对绩效评估权重增加,企业 2 作为高边际成本企业,其实际收益总是下降的。但依赖于具体参数,企业 1 作为低成本企业,其实际收益有可能随相对绩效评估权重的增加而下降,也有可能随之而增加。

(二)斯塔科尔伯格博弈

这一节中,我们再来看存在相对绩效评估时的斯塔科尔伯格博弈。不失一般性,假设企业 1 为领导者,企业 2 为追随者。由于此时我们关注的重点是博弈时序对均衡结果的影响,为了简化分析,假设两个企业边际成本相同,并进一步将其标准化为零。

这个两阶段博弈的博弈时序是:第一阶段,企业 1 选择其产量 q_1,选定之后就不能更改;第二阶段,企业 2 观察到 q_1,决定其产量 q_2。这些与前面都完全是一样,不同之处是,现在两个企业面临的是基于产量的相对绩效评估。同样,我们将使用逆向归纳法来求解这个两阶段博弈的子博弈精炼纳什均衡。

先看第二阶段。给定 q_1,此时企业 2 选择其产量 q_2 以最大化其实际收益

$$\Pi_2 = \pi_2 + \eta(q_2 - q_1) = (1 + \eta - q_1 - q_2)q_2 - \eta q_1 \tag{3.73}$$

由企业 2 的一阶条件可知其最优产量为:

$$R_2(q_1) = \frac{1}{2}[1 + \eta - q_1] \tag{3.74}$$

进一步可得,市场价格为

$$p = 1 - q_1 - R_2(q_1) = \frac{1}{2}[1 - \eta - q_1] \tag{3.75}$$

而企业 1 的实际收益为

$$\Pi_1 = pq_1 + \eta(q_1 - R_2(q_1)) = \frac{(1 + 2\eta - q_1)q_1}{2} - \frac{\eta(1+\eta)}{2} \tag{3.76}$$

现在回到第一阶段,企业 1 选择 q_1 以最大化上式,根据相应的一阶条件可得企业 1 的均衡产量,再将其代入前面各式,就可以得到所有的均衡结果。

基于显而易见的符号含义,具体的均衡结果如下:

$$q_1^* = \frac{1}{2} + \eta \tag{3.77}$$

$$q_2^* = \frac{1}{4} \tag{3.78}$$

$$Q^* = \frac{3}{4} + \eta \tag{3.79}$$

$$p^* = \frac{1}{4} - \eta \tag{3.80}$$

$$\Pi_1^* = \frac{1}{8} \tag{3.81}$$

$$\Pi_2^* = \frac{1 - 8\eta - 16\eta^2}{16} \tag{3.82}$$

命题 3.7 考虑基于产量的相对绩效评估下的斯塔科尔伯格博弈。均衡结果具有如下性质:如果相对绩效评估权重增加,则企业 1 作为领导者的产量增加,企业 2 作为追随者产量不变,市场总产量增加,市场价格下降,企业 1 利润不变,但企业 2 利润下降。

与经典的斯塔科尔伯格博弈相比,引入基于产量的相对绩效评估后,有几个有趣的结果是值得注意的。第一,企业 2 作为追随者,其产量仍然是 $\frac{1}{4}$,与经典模型是一样的。第二,企业 1 作为领导者,虽然其产量随相对绩效评估权重的增加而增加,但它的实际收益仍然是 $\frac{1}{8}$,与经典模型是一样的。第三,由于市场价格下降了,市场总利润也必然下降了。由于相对绩效的奖罚只是在两个企业之间的利润转移,既然企业 1 的实际保持不变了,那必然意味着,相对于经典模型,企业 2 的实际收益下降了。的确如此,在经典模型中,企业 2 的追随者利润是 $\frac{1}{16} > \Pi_2^* = \frac{1 - 8\eta - 16\eta^2}{16}$。

在刚才的讨论中,我们假设企业 2 作为追随者必然会进入市场,但由 Π_2^* 的表达式不难发现,当 η 比较大时,将有 $\Pi_2^* < 0$。这意味着,给定基于产量的相对绩效评估,两个企业进行斯塔科尔伯格博弈,即便企业 2 进入市场没有固定成本,它也不一定进入市场。从概念上讲,由于企业 1 具有先动优势,它的产量比较大;而对企业 2 来说,这相当于产生了一种虚拟(virtual)的进入成本。

下面,我们就来讨论企业 2 的进入问题。与前面一样,我们假设,如果企业 2 不进入,它就不面临相对绩效评估。所以,如果企业 2 不进入,它的净收益为零,而企业 1 的净收益也就等于它本身的利润。

为了分析进入,我们还是先假设企业 2 会进入市场,并考察其所得收益。如果这个收益为正,它就会进入;反之,如果这个收益为负,它就不会进入。

若令

$$\Pi_2^* = \frac{1 - 8\eta - 16\eta^2}{16} = 0 \tag{3.83}$$

则可得唯一的解①

$$\hat{\eta} = \frac{\sqrt{2}-1}{4} \tag{3.84}$$

当 $0 \leqslant \eta < \hat{\eta}$ 时，企业 2 作为追随者的实际收益 $\Pi_2^* > 0$；反之，当 $\eta > \hat{\eta}$ 时，企业 2 作为追随者的实际收益 $\Pi_2^* < 0$。

与经典的斯塔科尔伯格进入阻挠模型类似，我们不能简单地认为这就是最终的均衡结果。我们还要考察是否存在进入封锁以及进入阻挠的情况。

由前面的分析可知，给定企业 1 制定产量 q_1，企业 2 如果进入，就会选择产量 $R_2(q_1) = \frac{1}{2}[1+\eta-q_1]$，进而企业 2 的实际收益为：

$$\begin{aligned}\Pi_2 &= (1+\eta-q_1-R_2(q_1))R_2(q_1) - \eta q_1 \\ &= \frac{1}{4}[1+\eta-q_1]^2 - \eta q_1 \\ &= \frac{1}{4}[q_1^2 - 2(1+3\eta)q_1 + (1+\eta)^2] \end{aligned} \tag{3.85}$$

它是关于 q_1 的开口向上的抛物线。注意到必须有 $q_1 \leqslant 1$，故令

$$q_1^2 - 2(1+3\eta)q_1 + (1+\eta)^2 = 0 \tag{3.86}$$

可得唯一的解

$$q_1^\# = 1 + 3\eta - 2\sqrt{\eta(1+2\eta)} \tag{3.87}$$

当 $q_1 > q_1^\#$ 时，企业 2 进入市场之后所得净收益为负，因而它就不会进入了。从经济含义上讲，$q_1^\#$ 就是企业 1 实施进入阻挠的临界产量。

如果企业 1 制定临界阻挠产量，企业 2 就不进入市场了，因而企业 1 的实际收益也就等于其垄断利润：

$$\Pi_1^\# = \pi_1^\# = (1-q_1^\#)q_1^\# \tag{3.88}$$

很显然，如果 $\eta \to 0$，则有 $q_1^\# \to 1$，这里的分析结果就回到经典的斯塔科尔伯格博弈了。一旦 $\eta \to 0$，前述企业 2 进入市场所面临的"虚拟成本"就没有了。此时，除非企业 1 制定 $q_1 = 1$ 让剩余需求下降为零，否则企业 2 都会选

---

① 将明显不符合经济含义的负根舍去。

择进入。

下面,我们要考察市场是否会出现进入封锁,即企业 1 只要制定垄断利润最大化的产量 $\frac{1}{2}$ 就足以让企业 2 不愿意进入了。为此,我们需要比较 $q_1^{\#}$ 与 $\frac{1}{2}$ 的大小。但注意到

$$q_1^{\#} = 1 + 3\eta - 2\sqrt{\eta(1+2\eta)} \geqslant \frac{1}{2} \Leftrightarrow (2\eta - 1)^2 \geqslant 0 \quad (3.89)$$

故对任何 η,都不可能出现进入封锁。换句话说,如果企业 1 制定 $q_1 = \frac{1}{2}$,企业 2 就必然进入。

所以,我们真正需要考虑的问题是,企业 1 是否有积极性实施进入阻挠。由此,我们需要比较 $q_1^{\#}$ 和 $q_1^* = \frac{1}{2} + \eta$ 的大小关系。

注意到,

$$q_1^{\#} = 1 + 3\eta - 2\sqrt{\eta(1+2\eta)} \geqslant \frac{1}{2} + \eta \Leftrightarrow G(\eta) \equiv 16\eta^2 + 8\eta - 1 \leqslant 0$$

(3.90)

很显然,$G(\eta)$ 是关于 η 的开口向上的抛物线,在 $\eta > 0$ 的区域与横轴的交点为 $\eta = \hat{\eta} = \frac{\sqrt{2}-1}{4}$。所以,当 $\eta < \hat{\eta} = \frac{\sqrt{2}-1}{4}$ 时,$q_1^{\#} \geqslant \frac{1}{2} + \eta$,而当 $\eta > \hat{\eta}$ 时,$q_1^{\#} < \frac{1}{2} + \eta$。

从前面的分析可知,一旦 $\eta > \hat{\eta}$,斯塔科尔伯格产量本身就会导致企业 2 不进入。然而,给定企业 2 不进入,对企业 1 来说,$\frac{1}{2} + \eta$ 就不是最优产量了,此时企业 1 最想制定的是垄断利润最大化的产量 $\frac{1}{2}$。但是,根据 $q_1^{\#}$ 的定义,如果企业 1 制定任何小于 $q_1^{\#}$ 的产量,企业 2 都会选择进入;而由 $q_1^{\#} > \frac{1}{2}$ 可知,一旦企业 1 制定 $\frac{1}{2}$ 的产量,企业 2 就选择进入了。综合起来看,考虑到承诺可信性的问题,$q_1^{\#}$ 将是企业 1 能够不让企业 2 进入的最佳产量。

如果 $\eta < \hat{\eta}$，企业 1 制定斯塔科尔伯格产量 $\frac{1}{2} + \eta$，企业 2 就选择进入，而如果制定 $q_1^{\#}$，就可以阻挠企业 2 进入。所以，此时我们需要比较企业 1 的斯塔科尔伯格利润和阻挠利润来判断最终的均衡结果，即在 $\eta < \hat{\eta} = \frac{\sqrt{2}-1}{4}$ 的前提下判断 $\Pi_1^{\#} = \pi_1^{\#} = (1-q_1^{\#})q_1^{\#}$ 与 $\frac{1}{8}$ 的相对大小。

由于 $q_1^{\#}$ 的形式比较复杂，直接比较有些困难，我们先用数值模拟看一下基本结果。模拟结果如下图 3.4 所示，其中横坐标是相对绩效评估权重（用 b 表示），纵坐标是 $(1-q_1^{\#})q_1^{\#} - \frac{1}{8}$，即企业 1 采取进入阻挠的净收益。

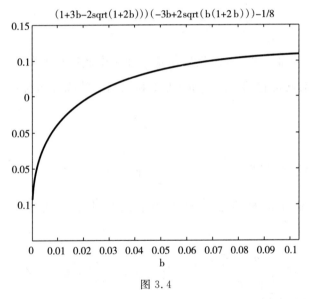

图 3.4

模拟结果表明，当 η 比较小时，企业 1 采取容纳策略的实际收益更大，即 $\Pi_1^* = \frac{1}{8}$；而当 η 比较大时，企业 1 采取阻挠策略的实际收益更大，即 $\Pi_1^{\#} = \pi_1^{\#} = (1-q_1^{\#})q_1^{\#}$。

我们来阐释一下此结果背后的经济含义。当 η 比较小时，企业 1 必须制定很大的产量才能阻挠企业 2，而这必然导致市场价格很低，垄断利润也很低。不妨回忆，当 $\eta \to 0$ 时，相对绩效评估消失，本模型就回到经典的没有进入成本的斯塔科尔伯格模型，其中，除非企业 1 制定产量 $q_1 = 1$，让市场价格为 0,企业 2 会进入市场。但一旦市场价格为 0,企业 1 的垄断利润也就下降为 0,如果容纳企业 2,企业 1 还能获得 $\Pi_1^* = \dfrac{1}{8}$。反过来,如果 η 比较大,由前面的分析可知,企业 1 只要制定不是太大的产量,就可以让企业 2 因为相对绩效更差而造成的"惩罚"比较大,进而最终使得企业 2 进入市场的实际收益变为负值。此时,由于企业 1 本身的产量不大,阻挠企业 2 进入之后的垄断价格还比较高,因而垄断利润也是比较高的。

下面,我们分两个步骤来具体求解使企业 1 愿意实施进入阻挠的临界相对绩效评估权重,不妨将其记为 $\eta^\#$。

第一步,令

$$\Pi_1^\# = \pi_1^\# = (1 - q_1^\#) q_1^\# = \dfrac{1}{8} \tag{3.91}$$

使得能够阻挠企业 2 进入,而且还使得企业 1 由此所得实际收益(因为企业 2 不进入,这也就是它的垄断利润)等于容纳利润的临界阻挠产量为①:

$$q_1^B = \dfrac{2 + \sqrt{2}}{4} \tag{3.92}$$

第二步,注意到 $q_1^B = \dfrac{2+\sqrt{2}}{4} > \dfrac{1}{2}$,而 $q(1-q)$ 在 $q > \dfrac{1}{2}$ 时是减函数,故 q_1^B 就是企业 1 阻挠企业 2 进入的最佳产量 $q_1^\#$。这样,根据 $q_1^\#$ 的定义,将有

$$q_1^B = \dfrac{2+\sqrt{2}}{4} = 1 + 3\eta - 2\sqrt{\eta(1+2\eta)} = q_1^\# \tag{3.93}$$

由此可以得到两个根

$$\eta^\# = (3q_1^B - 1) \pm 2\sqrt{q_1^B(2q_1^B - 1)} \tag{3.94}$$

由前面的分析可知,进入阻挠只可能在 $\eta < \hat{\eta} = \dfrac{\sqrt{2}-1}{4}$ 的情况下发生,而

---

① 满足上面等式的还有一个根 $q_1^B = \dfrac{2-\sqrt{2}}{4}$,但是,从前面的分析可知,在此种情况下要实施进入阻挠,必须有 $q_1^\# > \dfrac{1}{2}$。故这个根不符合经济含义,舍去。

$3q_1^B - 1 = \frac{1}{2} + \frac{3\sqrt{2}}{4} > \hat{\eta} = \frac{\sqrt{2}-1}{4}$,故 $\eta^{\#} = (3q_1^B - 1) + 2\sqrt{q_1^B(2q_1^B - 1)}$ 不符合经济意义,舍去。

最后,我们还要验证 $\eta^{\#} = (3q_1^B - 1) + 2\sqrt{q_1^B(2q_1^B - 1)} < \hat{\eta} = \frac{\sqrt{2}-1}{4}$ 成立。将 $q_1^B = \frac{2+\sqrt{2}}{4}$ 带入,可知

$$\eta^{\#} \approx 0.0069 < \hat{\eta} = \frac{\sqrt{2}-1}{4} \approx 0.1036 \qquad (3.95)$$

由此,我们就得到了整个模型的结果:当 $\eta < \eta^{\#} \approx 0.0069$ 时,企业 1 会采取容纳策略,其产量为 $q_1^* = \frac{1}{2} + \eta$;而当 $\eta > \eta^{\#}$ 时,企业 1 会采取阻挠策略,其最优产量为 $q_1^B = \frac{2+\sqrt{2}}{4}$。

最后,我们当然还可以讨论企业 2 具有进入市场的固定成本时的容纳或阻挠问题,但直觉上看,这样的分析只是对之前讨论的常规拓展,并不能得到什么新的结果。可以预期的是,固定成本越高,进入阻挠越容易发生;但有一点不同的是,一旦引入固定成本而且固定成本比较高时,就有可能出现进入封锁的情形。

四、本章小结

本章将相对绩效评估引入到同质产品的古诺博弈和斯塔科尔伯格博弈。我们考虑了两种相对绩效评估,第一种是基于利润的,第二种是基于产量的。

在基于利润的相对绩效评估下,相对绩效评估增强总会激化古诺竞争,这体现为更高的市场总产量和更低的市场价格。注意到经典的古诺博弈下市场价格高于边际成本,故引入相对绩效评估会改善社会福利。

在基于利润的相对绩效评估下,如果追随者仍然进入市场,相对绩效评估增强就只会降低追随者的利润,却不会改变领导者的利润,但市场总产量

仍然增加。在此情况下,增强相对绩效评估也是会改善社会福利的。我们也考虑了此种情况下的进入阻挠:增强相对绩效评估必然会增强领导者实施进入阻挠的激励。

在基于产量的相对绩效评估下,相对绩效评估增强也总是激化古诺博弈,因为这降低了两个企业的感知成本。但与基于利润的相对绩效评估不同,此时一旦相对绩效评估足够强,市场就会出现恶性竞争,即市场价格低于边际成本。对应此种情况,我们进一步考虑了市场进入问题。分析表明,此时市场会有两个非对称纳什均衡,即一个企业进入而另一个企业不进入,其中市场导致垄断结果。这个博弈也有一个混合战略纳什均衡,其中两个企业都以一定概率进入市场。一旦两个企业都进入市场,恶性竞争就发生了。分析表明,相对绩效评估强度增加,恶性竞争的概率会下降,但一旦出现恶性竞争,其激烈程度将会比较高。

在基于产量的斯塔科尔伯格博弈下,相对绩效评估增强会放大领导者的先动优势,这是一个自然的结果。但更加有趣的是,此时即便追随者没有通常意义上的进入成本,进入阻挠也可能发生;此外,还要注意到的是由于领导者产量更高,故在基于产量的相对绩效评估下,追随者将面临由此内生出来的进入成本。

第四章
区域差异化产品竞争

一、引　言

上一章我们将相对绩效评估引入到同质产品的古诺博弈和斯塔科尔伯格博弈中,并在此基础上讨论了相对绩效评估与恶性竞争、进入阻挠之间的关系。尽管我们从中得到了一些有趣的结果,但由于我们采取了同质产品的假设,上一章的模型无法对我们关心的另一个研究主题"重复建设"做出分析。要考察"重复建设",首先就必须明确项目建设的"重复性"到底意味着什么? 一般情况下,人们在探讨重复建设时,往往将其与恶性竞争相提并论。那么,两者之间到底存在着什么样的区别与联系呢?

基于以上的考虑,在这一章我们想做的工作是,将相对绩效评估引入到差异化产品的区位分析框架中,并借此考察相对绩效评估与地区间重复建设、恶性竞争之间的关系。我们考虑的是一个具有平方型交通成本的两企业两阶段的区位—价格博弈。其中第一阶段,两个企业分别选择它们的位置(或产品属性);第二阶段,它们在位置给定的前提下进行价格竞争。和上一章一样,我们也分别考虑了基于利润和基于产量的相对绩效评估。

分析结果表明,引入相对绩效评估使每个企业更有积极性去选择具有较小差异化的产品,而一旦相对绩效评估的强度超过某个临界值,企业就会选择同一位置,进而导致重复建设。

二、基于利润的相对绩效评估与重复建设

考虑一个长度为 1 的线性城市,其中有两个企业 A 和 B,它们生产同质产品,并且它们的成本都标准化为零。企业 A 到左端点的距离记为 x_A,企业 B 到右端点的距离记为 x_B。若将左端点的坐标定义为 0,右端点的坐标定义为 1,则企业 A 的位置为 $y_A = x_A$,企业 B 的位置为 $y_B = 1 - x_B$。一般地,我们假设企业 A 位于企业 B 的左端,即 $y_B \geqslant y_A$ 或 $x_A + x_B \leqslant 1$。同时,总人数标准化为 1 的消费者也均匀地分布在这个线性城市上,且每个消费者对同质产品都具有单位需求,交通成本则具有平方形式 $T = tz^2$,其中 z 为消费者到其购买产品的企业的距离,$t > 0$ 为交通成本常系数。为了表述方便,不妨将位于 y 处的消费者简称为消费者 y。假设企业 i (= A, B) 定价 p_i,则消费者 y 从企业 i 购买产品的净效用为 $U(y, p_i, y_i) = u - p_i - t(y - y_i)^2$,其中 u 是一个足够大的正数,代表消费者消费同质产品直接得到的效用,对所有消费者都是相同的。不妨将消费者不购买的净效用标准化为零,则 u 足够大的含义是,不管是从 A 还是从 B 购买,购买总是消费者的最优选择。

与惯常一样,存在唯一的临界消费者

$$y_0 = \frac{p_B - p_A}{2t(y_B - y_A)} + \frac{y_A + y_B}{2} \tag{4.1}$$

他到企业 A 和 B 购买是无差异的,而任何消费者 $y < y_0$ 将在企业 A 处购买,任何消费者 $y > y_0$ 将在企业 B 处购买,其中 y_0 由

$$U(y_0, p_A, y_A) = U(y_0, p_B, y_B) \tag{4.2}$$

所确定。由于每个消费者都具有单位需求且消费者在线性城市上是均匀分布的,企业 A 和 B 的需求也就分别为

$$D_A = y_0 \tag{4.3}$$

$$D_B = 1 - y_0 \tag{4.4}$$

为了后面更加方便地利用对称性,我们将两个企业的需求表示为 x_A 和

x_B 的函数,即

$$D_i(p_i,p_j,x_i,x_j) = \frac{p_j-p_i}{2t(1-x_i-x_j)} + \frac{1+x_i-x_j}{2}, \text{其中 } i,j=A,B; i \neq j \tag{4.5}$$

进一步,对应于价格 p_i 和 p_j 以及位置 x_i 和 x_j,企业 i 的利润为

$$\pi_i(p_i,p_j,x_i,x_j) = p_i D_i = p_i\left[\frac{p_j-p_i}{2t(1-x_i-x_j)} + \frac{1+x_i-x_j}{2}\right] \tag{4.6}$$

在传统的选址—价格分析中,每个企业的目标就是最大化自己的利润;与之相比,本章最大的区别就是引入了相对绩效评估。参照 Palley(1995) 对相对绩效的刻画,我们假设企业 i 需要最大化的是其"实际收益"

$$\Gamma_i(p_i,p_j,x_i,x_j) = \pi_i + \eta(\pi_i - \pi_j), \text{其中 } 0 \leqslant \eta < \infty \tag{4.7}$$

也就是说,企业 i 的实际收益不光依赖于其自己的利润 π_i,还依赖于它与企业 j 的利润之差;如果 $\pi_i > \pi_j$,企业 i 会因为相对绩效更好而获得一定的"奖励",反之则受到一定的"惩罚",而 η 则度量了相对绩效的评估权重,假设它是企业无法选择的外生参数。进一步定义

$$\Pi_i(p_i,p_j,x_i,x_j,\theta) = \pi_i - \theta\pi_j, \text{其中 } \theta = \frac{\eta}{1+\eta} \tag{4.8}$$

则 $\Gamma_i = (1+\eta)\Pi_i$。由于 η 或 θ 是企业无法选择的外生参数,故从企业角度看,极大化 Γ_i 与极大化 Π_i 是完全等价的。注意到 θ 是 η 的单调增函数,当 $0 \leqslant \eta < \infty$ 时,$0 \leqslant \theta \leqslant 1$,$\theta$ 可以看作是标准化的相对绩效指数。为简化表述,后面直接将 Π_i 看作企业 i 的目标函数。当 $\theta = \eta = 0$ 时,本章模型设定退化到传统情形,每个企业只关心自己的利润,不妨将其称为绝对绩效评估体系;当 $\theta = 1$ 或 $\eta \to \infty$ 时,只有相对绩效是重要的,不妨将其称为纯相对绩效评估体系;而当 $0 < \theta < 1$ 或 $0 < \eta < \infty$ 时,企业面临的是混合绩效评估体系。

更加直观地,可以(4.8)将改写为:

$$\Pi_i = (1-\theta)\pi_i + \theta(\pi_i - \pi_j), \text{其中 } \theta \in [0,1] \tag{4.9}$$

这清楚地显示,π_i 是企业 i 通过其绝对绩效 π_i 和相对绩效 $(\pi_i - \pi_j)$ 加权而得到的。

本章考虑的是一个两阶段区位—价格博弈。第一阶段:企业 A 和 B 进

行区位竞争,分别选择 x_A 和 x_B。第二阶段,x_A 和 x_B 给定,两个企业进行价格竞争,选择价格 p_A 和 p_B。给定相对绩效评估权重 θ,每个阶段每个企业都采取纳什策略,目标是最大化其"实际收益"。与惯常一样,我们用逆向归纳法求解此两阶段博弈的子博弈完美纳什均衡。

在分析市场结果之前,先讨论一下社会最优情形。在本章模型中,每个消费者都具有单位需求且总会购买产品,故产品价格只是影响其在企业与消费者之间的分配,而不会影响社会总福利,换句话说,只有企业选址才会真正影响社会总福利。进一步,由于市场中只存在两个企业,没有市场进入问题,也没有固定成本,因而最大化社会福利就等同于最小化消费者购买产品的总交通成本。由对称性显然可知,社会最优的选址是 $x_i^S = \frac{1}{4}$。或等价地,企业 A 选址在 $y_A = \frac{1}{4}$,而企业 B 选址在 $y_B = \frac{3}{4}$。下面,我们分别讨论市场情形下的价格竞争和选址竞争。

(一)价格竞争

第二阶段,两个企业的位置 x_A 和 x_B 已经给定。如果它们分别制定价格 p_A 和 p_B,则企业 i 的实际收益 $\Pi_i(p_i, p_j, x_i, x_j, \theta)$ 如(4)式所示。由此,纳什均衡的含义是,企业 i 在 p_j 给定的情况下选择 p_i 以最大化其实际收益 $\Pi_i(p_i, p_j, x_i, x_j, \theta)$,而相应的一阶条件是

$$\frac{\partial \Pi_i}{\partial p_i} = \frac{\partial \pi_i}{\partial p_i} - \theta \frac{\partial \pi_j}{\partial p_i} = 0 \tag{4.10}$$

由(4,6)可知

$$\frac{\partial \pi_i}{\partial p_i} = \frac{p_j - 2p_i}{2t(1 - x_i - x_j)} + \frac{1 + x_i - x_j}{2} \tag{4.11}$$

$$\frac{\partial \pi_j}{\partial p_i} = \frac{p_j}{2t(1 - x_i - x_j)} \tag{4.12}$$

结合(4.11)和(4.12),经过简单的计算和整理,可得企业 i 的反应曲线为:

$$p_i = \frac{1}{2}[(1 - x_i - x_j)(1 + x_i - x_j)t + (1 - \theta)p_j] \tag{4.13}$$

联立由(4.13)所给出的两个一阶条件,可得两个企业价格竞争的均衡为：

$$p_i^* = \frac{(1-x_i-x_j)[3+x_i-x_j-\theta(1-x_i+x_j)]t}{(1+\theta)(3-\theta)} \quad (4.14)$$

命题 4.1 （产品同质化加剧价格竞争）：$\frac{\partial p_i^*}{\partial t}>0, \frac{\partial p_i^*}{\partial x_i}<0, \frac{\partial p_i^*}{\partial x_j}<0$，其中 $i,j = A,B; i \neq j$。

证明：注意到 $x_i + x_j \leqslant 1, 0 \leqslant x_i, x_j \leqslant 1, 0 \leqslant \theta \leqslant 1$，则有：

$$\frac{\partial p_i^*}{\partial t} = \frac{(1-x_i-x_j)[3+x_i-x_j-\theta(1-x_i+x_j)]}{(1+\theta)(3-\theta)} > 0 \quad (4.15)$$

$$\frac{\partial p_i^*}{\partial x_i} = \frac{-2[1+x_i-\theta(1-x_i)]t}{(1+\theta)(3-\theta)} < 0 \quad (4.16)$$

$$\frac{\partial p_i^*}{\partial x_j} = \frac{-2[2-(1+\theta)x_j]t}{(1+\theta)(3-\theta)} < 0 \quad (4.17)$$

证毕。

在区位模型中,两个企业产品差异化的大小是由两种因素所表示的。第一,两个企业之间的"距离"$z = |1-x_i-x_j|$；第二,交通成本系数 t。很显然,只要 $t=0$ 或 $z=0$,两个企业的产品就没有任何差异。当两个企业的产品完全同质时,它们之间的伯特兰价格竞争就会导致完全竞争解,即定价等于边际成本(这里标准化为零了)。原因很简单,一旦某个企业将价格提高到边际成本以上,对手就可以将价格定在比这个价格稍微低一点点的地方,并由此获得整个市场。下面,我们考虑 $t > 0$ 的一般情况。

首先,$t > 0$ 表示每个消费者都有自己最偏好的产品,而如果购买不到自己最偏好的产品,由此会产生一定的误配成本；对应到模型本身,消费者最偏好的产品就是位于其所在位置的产品,而误配成本就是由他为了获得并不位于其所在位置的产品而需要承担的交通成本。按照模型刻画,给定其他情况不变,t 越大,消费者的误配成本越大,而在经济含义上,这意味着他为了到距离较近的企业购买而宁愿接受更高的价格,与之对应,每个企业就可以制定更高的价格而不用担心来自对手的竞争。在平方型交通成本下,随着消费者离对手的距离的增加,对手通过降价抢生意的难度是呈非线性增加的。从数学上,刚才分析的结果体现为 $\frac{\partial p_i^*}{\partial t}>0$,只不过命题为表述简洁,说的是 t 变小的效果而已。

在考虑 x_i 或 x_j 的变化的影响。从企业 i 的角度看,两个企业位置靠近可以有两种不同的实现方式:第一,给定它自身的位置 x_i 不变,对手更加向它靠近,即 x_j 增加;第二,给定对手位置 x_j 不变,自身的位置向对手靠近,即 x_i 增加。很显然,不管是哪种方式,两个企业的距离都拉近了,它们产品的同质性也因此提高了,这会导致价格竞争更加激烈,均衡价格水平也由此降低。我们可以借助图 4.1 说明此结果背后的作用机理。

在图 4.1 中,横坐标是 p_A,纵坐标是 p_B。参照(4.13),我们用虚线 R_{A0} 和 R_{B0} 分别代表了企业 A 和 B 在参数变化之前的反应曲线;为表述方便计,参考(4.13),将两条反应曲线的方程明确写出来:

$$R_{A0}: p_B = \frac{1}{1-\theta}[-(1-x_A-x_B)(1+x_A-x_B)t+2p_A] \quad (4.18)$$

$$R_{B0}: p_B = \frac{1}{2}[(1-x_B-x_A)(1+x_B-x_A)t+(1-\theta)p_A] \quad (4.19)$$

由此可见,在 (p_A, p_B) 坐标系中,R_{A0} 和 R_{B0} 都是向上倾斜的直线,但企业 A 的反应曲线 R_{A0} 的斜率更大。两条反应曲线的交点决定了均衡价格,如 E_0 所示。

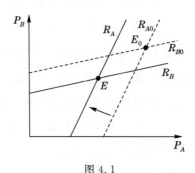

图 4.1

现在,给定其他因素不变,考察 x_A 稍许增加的情况。很显然,x_A 的变化不会影响两条直线的斜率,只会影响它们的截距。简单的计算表明,当 x_A 增加时,R_{A0} 在纵轴的截距 $\left(\frac{-(1-x_A-x_B)(1+x_A-x_B)t}{1-\theta}\right)$ 变大,即 R_{A0} 向上平移

变为 R_A；与此同时，R_{B0} 在纵轴的截距（$\frac{(1-x_B-x_A)(1+x_B-x_A)t}{2}$）变小，即 R_{B0} 向下平移变为 R_B。综合起来，x_A 增加后，两条新的反应曲线相交于图中的 E 点，考虑到两条直线斜率为正，结果是 E 点在两个维度上都必然小于 E_0 点。也就是说，均衡价格变低了。

推论 4.1 $\left|\frac{\partial p_i^*}{\partial x_i}\right| \leqslant \left|\frac{\partial p_i^*}{\partial x_j}\right|$。

这是命题 4.1 证明过程的一个直接推论。由 (4.16) 和 (4.17) 可知，除非 $x_i+x_j=1$（即两个企业位于同一位置，进而价格为零），都有 $\left|\frac{\partial p_i^*}{\partial x_i}\right| < \left|\frac{\partial p_i^*}{\partial x_j}\right|$。这表明，每个企业定价受其本身区位变化影响的敏感度更大。

推论 4.2 给定 $\theta \in [0,1]$，而 $0 \leqslant x_i+x_j \leqslant 1$。如果 $x_i < \frac{1}{2}$，则 $\left|\frac{\partial p_i^*}{\partial x_i}\right| < \left|\frac{\partial p_j^*}{\partial x_i}\right|$；反之，如果 $x_i > \frac{1}{2}$，则 $\left|\frac{\partial p_i^*}{\partial x_i}\right| > \left|\frac{\partial p_j^*}{\partial x_i}\right|$。

证明：由 (4.16) 和 (4.17) 可知，$\frac{\partial p_i^*}{\partial x_i} = \frac{-2[1+x_i-\theta(1-x_i)]t}{(1+\theta)(3-\theta)} < 0$；$\frac{\partial p_j^*}{\partial x_i} = \frac{-2[2-(1+\theta)x_i]t}{(1+\theta)(3-\theta)} < 0$。由此，经过简单的化简可知，$\left|\frac{\partial p_i^*}{\partial x_i}\right| < \left|\frac{\partial p_j^*}{\partial x_i}\right|$ 等价于 $x_i < \frac{1}{2}$。需要说明的是，给定 $x_i < \frac{1}{2}$，只要 $0 \leqslant x_i+x_j \leqslant 1$，$x_j$ 可以大于 $\frac{1}{2}$，也可以小于 $\frac{1}{2}$。对于 $\left|\frac{\partial p_i^*}{\partial x_i}\right| > \left|\frac{\partial p_j^*}{\partial x_i}\right|$ 与 $x_i > \frac{1}{2}$ 的等价性的证明过程，反过来就是了；但需要特别说明的是，在此种情况下，由于约束 $0 \leqslant x_i+x_j \leqslant 1$ 的存在，必然有 $x_i > \frac{1}{2} > x_j$，两个企业都位于靠近 j 端点的那半个城市。证毕。

从直觉上讲，$\left|\frac{\partial p_i^*}{\partial x_i}\right| < \left|\frac{\partial p_i^*}{\partial x_j}\right|$ 就似乎意味着 $\left|\frac{\partial p_i^*}{\partial x_i}\right| < \left|\frac{\partial p_j^*}{\partial x_i}\right|$，因为两者都是在说某企业定价受自身区位变化影响的敏感度更大。但推论 4.2 却表明，这种直觉是有问题的。原因在于，在价格竞争阶段，两个企业的区位是当作参数外生给定的，因而并没有对称性存在。特别地，上述结果都是可

以从经典模型推导出来的(尽管据我们所知,文献并没有明确地阐释推论 4.2 的结果),即这些结果成立与否与是否存在相对绩效评估是没有关系 的。由此可见,本章的创新并不在这些地方。上述的分析只是为了方便后 面的分析。

下面,我们再来考察文献中未曾涉及的内容,即相对绩效评估权重参数 变化对价格竞争的影响。

命题 4.2 (相对绩效评估加剧价格竞争): $\dfrac{\partial p_i^*}{\partial \theta} < 0$,其中 $i = A, B$。

证明:由(4.17)可知,

$$\frac{\partial p_i^*}{\partial \theta}$$

$$= -\frac{t(1-x_i-x_j)\{(1-x_i+x_j)(1+\theta)(3-\theta)+2[3+x_i-x_j-\theta(1-x_i+x_j)](1-\theta)\}}{(1+\theta)^2(3-\theta)^2}$$

$$< 0 \tag{4.20}$$

其中不等号是因为花括号里面的各项必然是正的。证毕。

命题 4.2 清楚地表明,给定两个企业的位置等其他因素不变,两个企业 面临的相对绩效评估权重越高,均衡价格越低。其背后的经济含义是,θ 越 大,即相对绩效权重越高,给定对手的选择不变,某个企业降低价格所带来 的回报越大,原因是这不但会增加自己的需求,更会降低对手的利润进而提 高自己的相对绩效,由此导致每个企业降价的动机增加。进一步,如前所 述,两个企业的反应曲线都是正斜率的,即价格竞争具有"战略互补"的性 质;因而当一个企业降低价格时,另一个企业的最优反应也是降低价格,结 果就导致了更低的均衡价格。

图 4.2 形象地展示了命题 4.2 背后的作用机制。与前面类似,我们用 虚线 R_{A1} 和 R_{B1} 分别表示参数 θ 增加之前两个企业的反应曲线,它们的交点 为 E_1,对应于参数变化之前的均衡点。同样,我们参照(4.18),θ 增加不会 改变企业 A 的反应曲线 R_{A0} 在横轴的截距,但会使得 R_{A0} 变得更加陡峭,即 R_{A0} 围绕其与横轴的交点逆时针旋转,如图中 R_A 所示。与此同时,参照(4.19) 可知,θ 增加也不会改变企业 B 的反应曲线 R_{B0} 在纵轴的截距,但会使得 R_{B0} 变得更加平缓,即 R_{B0} 围绕其与纵轴的交点顺时针旋转,如图中 R_B 所

示。最终的结果是，R_A 和 R_B 相交于图中的 E 点，这构成了 θ 增加后的新的均衡点。很显然，与原来的交点 E_1 相比，新的交点 E 更加靠近原点，这表明在新的均衡下，两个企业的均衡价格都变低了。

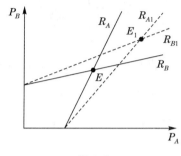

图 4.2

注意到反应函数的斜率是 θ 的减函数。这说明，θ 越大，两个企业定价的"战略互补"性就越低。特别地，当 $\theta = 1$ 时，企业 i 的反应曲线变为 $p_i = \frac{1}{2}(1-x_i-x_j)(1+x_i-x_j)t$；这表明，面临纯相对绩效评估时，企业 A 和 B 的反应曲线分别变为垂线和水平线，它们的价格选择不再具有策略相关性。

(二) 选址竞争

现在回到第一阶段，考察两个企业的选址竞争。将 (4.14) 代入 (4.5)、(4.6) 和 (4.8) 可知，在前面的价格竞争均衡下，企业 i 的需求、利润和实际收益分别为

$$D_i^* = \frac{1}{2} - \frac{(1-\theta)(x_j-x_i)}{2(3-\theta)} \tag{4.21}$$

$$\pi_i^*(x_i,x_j,\theta) = p_i^* D_i^*$$
$$= \frac{(1-x_i-x_j)[3+x_i-x_j-\theta(1-x_i+x_j)][3+x_i-x_j-\theta(1+x_i-x_j)]t}{2(1+\theta)^2(3-\theta)^2}$$
$$\tag{4.22}$$

$$\Pi_i^*(x_i,x_j,\theta) = \pi_i^* - \theta \pi_j^* \tag{4.23}$$

我们假定，两个企业在选址竞争时也采取纳什策略，即企业 i 在 x_j 给定的情形下选择 x_i 以最大化其利润 $\Pi_i^*(x_i,x_j,\theta)$。考虑到选址的非负约束 x_i

$\geqslant 0$,由库恩—塔克定理可知,利润最大化的一阶条件为(此处没对其做进一步简化是为了后面更方便地利用对称性):

$$\frac{\partial \Pi_i^*(x_i,x_j,\theta)}{\partial x_i}=\frac{\partial \pi_i^*}{\partial x_i}-\theta\frac{\partial \pi_j^*}{\partial x_i}\leqslant 0 \tag{4.24}$$

其中

$$\begin{aligned}M^{-1}\frac{\partial \pi_i^*}{\partial x_i}=&[3+x_i-x_j-\theta(1-x_i+x_j)][3+x_i-x_j-\theta(1+x_i-x_j)]\\&+(1-x_i-x_j)[3+x_i-x_j-\theta(1+x_i-x_j)](1+\theta)\\&+(1-x_i-x_j)[3+x_i-x_j-\theta(1-x_i+x_j)](1-\theta)\end{aligned} \tag{4.25}$$

$$\begin{aligned}M^{-1}\frac{\partial \pi_j^*}{\partial x_i}=&-[3+x_j-x_i-\theta(1-x_j+x_i)][3+x_j-x_i-\theta(1+x_j-x_i)]\\&-(1-x_i-x_j)[3+x_j-x_i-\theta(1-x_j+x_i)](1+\theta)\\&-(1-x_i-x_j)[3+x_j-x_i-\theta(1+x_j-x_i)](1-\theta)\end{aligned} \tag{4.26}$$

其中

$$M=\frac{t}{2(1+\theta)^2(3-\theta)^2}$$

而相应的互补—松弛条件是

$$x_i\frac{\partial \Pi_i^*(x_i,x_j,\theta)}{\partial x_i}=0$$

即当 $x_i>0$ 时 $\frac{\partial \Pi_i^*(x_i,x_j,\theta)}{\partial x_i}=0$,而当 $x_i=0$ 时 $\frac{\partial \Pi_i^*(x_i,x_j,\theta)}{\partial x_i}<0$。

原则上讲,与一阶条件(4.24)对应的是两个二元二次方程(或不等式),故模型结果可能会存在非对称解。但通过简单的数值模拟分析可知,最终只有对称解才是符合经济含义的。图4.3展示了 θ 取不同值时的对称解的模拟结果,其中 θ 分别对应于 0.18、$1/3$、$\frac{5-\sqrt{17}}{2}\approx 0.4384$ 和 0.9,如图中所标。对应于任何一个 θ 值,在 (x_A,x_B) 坐标空间中,两个企业的反应曲线都是向下倾斜的,但企业 A 的反应曲线要更陡一些。

每个企业的反应曲线都是负斜率的,这表明选址竞争是"战略替代"的:对企业而言,如果对手的策略增强(选址更靠近 $\frac{1}{2}$),其最优策略将减弱(选

址远离 $\frac{1}{2}$）。进一步注意到,参数 θ 增加会对反应曲线产生两个方面的影响。一方面,这会使反应曲线整体向右或向上移动,表明不管对手如何选址,企业的最优选址都会更加向中间靠拢；而另一方面,这会使企业 A(B) 的反应曲线变陡（缓）,表明企业的最优选址与对手选址的策略关联度变小。这两个效应是相互加强的,都使均衡选址向中间靠拢,即缩小两个企业的产品差异。特别地,当 $\theta \to 1$,企业 A(B) 的反应曲线变为横（纵）坐标为 $\frac{1}{2}$ 的垂（水平）线,即在均衡结果下,两个企业的产品差异完全消失。最后,与下面的解析结果相一致,当 $\theta = \frac{5 - \sqrt{17}}{2} \approx 0.4384$ 时,两条反应曲线交点的坐标为 $(\frac{1}{4}, \frac{1}{4})$,这对应于社会最优的产品差异水平。

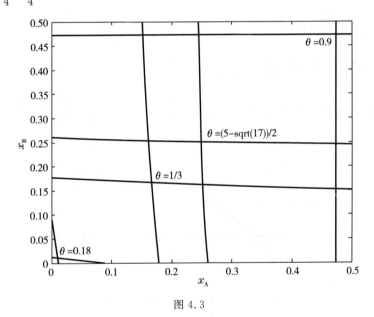

图 4.3

基于数值模拟分析,下面我们仅考虑对称解。若先忽略选址的非负约束,将(4.24)取等式,并令 $x_i = x_j = l$,可得相应的对称解为

$$l(\theta) = \frac{-\theta^2 + 6\theta - 1}{4(1 + \theta)} \quad (4.27)$$

很显然,由企业选址的非负约束和对称性可知,只有当 $0 \leqslant l(\theta) \leqslant \frac{1}{2}$

时,$l(\theta)$才能构成博弈的均衡结果。当$\theta \in [0,1]$时,$l(\theta)$是θ的增函数,即$l'(\theta) > 0$,而$l(0) = -\frac{1}{4}$,$l(1) = \frac{1}{2}$。所以,对于任何$\theta \in [0,1]$,条件$l(\theta) \leq \frac{1}{2}$都是满足的。

进一步,由$l(\theta)$的单调性和连续性可知,存在唯一的θ^m使得
$$l(\theta^m) = 0$$
当$\theta > \theta^m$时,$l(\theta) > 0$,当$\theta < \theta^m$时,$l(\theta) < 0$。更加具体地,令
$$-\theta^2 + 6\theta - 1 = 0$$
可得(其中另一个根不符合经济含义,舍去),
$$\theta^m = 3 - 2\sqrt{2} \approx 0.172$$

命题 4.3 混合绩效评估下的博弈均衡结果为 $\{x_i^R = \max\{0, l(\theta)\}$,$p_i^R = \dfrac{t(1-2x_i^R)}{1+\theta}\}$,即:

当$0 \leq \theta \leq \theta^m$时,$x_i^R = 0$,$p_i^R = \dfrac{t}{1+\theta}$;

而当$\theta^m < \theta \leq 1$时,$x_i^R = \dfrac{-\theta^2 + 6\theta - 1}{4(1+\theta)}$,$p_i^R = \dfrac{t(\theta^2 - 4\theta + 3)}{2(1+\theta)^2}$。

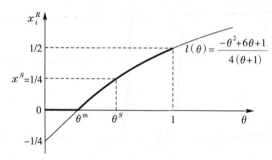

图 4.4 相对绩效评估下的均衡选址

在 Neven(1985)模型中,对应于平方交通成本,每个消费者购买不到自己最中意的产品,由此产生的"误配成本"是呈非线性增长的,这不但使得通过削价抢夺对手生意变得异常困难,也使得每个企业都有扩大产品差异,进而向消费者征收高价的强烈动机,由此导致了"最大化差异原理"的结果,即两个企业分别选址在线性城市的两端。本章在 Neven 模型基础上加入了

相对绩效评估,这增加了一种缩小产品差异的"向心力",因为缩小产品差异会降低对手的利润,而这是有助于改善自己的相对绩效的。不难理解,相对绩效评估权重越高,这种向心力会越强。下面的几个推论表明,对应于不同的相对绩效评估权重,本章模型均衡可以具体化为已有文献得到各种理论结果。

推论 4.3 混合绩效评估均衡可以产生"最大化差异原理"的结果。

由命题 2,当 $0 \leqslant \theta \leqslant \theta^m$ 时,均衡结果是 $\left\{ x_i^R = 0, p_i^R = \dfrac{t}{1+\theta} \right\}$。这表明,当相对绩效评估的权重很低时,即低于临界值 θ^m 时,两个企业的选址竞争将导致"最大化差异原理"的结果,它们分别选址在线性城市的两个端点。但注意到 p_i^R 是 θ 的减函数,这表明引入相对绩效会激化两个企业在第二阶段的价格竞争。特别地,当 $\theta = 0$ 时,混合绩效评估体系退化到绝对绩效评估体系时,博弈均衡退化到 $\{ x_i^R = 0, p_i^R = t \}$,这正是 Neven(1985)所得到的经典结果。

推论 4.4 混合绩效评估均衡可以实施社会最优的产品差异。

如前所述,本章模型中社会最优选址是 $x_i^S = \dfrac{1}{4}$。由函数 $l(\theta)$ 的性质可知,存在唯一的 θ^S 使得 $l(\theta^S) = \dfrac{1}{4}$,而简单的计算表明 $\theta^S = \dfrac{5 - \sqrt{17}}{2} \approx 0.4384$。进而由命题 4.3 可知,当 $\theta \in (\theta^S, 1]$ 时,$x_i^R > \dfrac{1}{4}$;$\theta \in [0, \theta^S)$ 时,$x_i^R = \dfrac{1}{4}$。换句话说,当 $\theta = \theta^S$ 时,混合绩效评估的博弈均衡刚好实现社会最优选址或产品差异;当 $\theta \in [0, \theta^S)$ 时,市场导致产品差异化很大;而当 $\theta \in (\theta^S, 1]$ 时,市场却又导致产品差异化很小。

推论 4.5 混合绩效评估均衡可以产生"最小化差异原理"的结果。

由命题 4.3,当 $\theta \in (\theta^m, 1]$ 时,博弈均衡结果为 $\left\{ x_i^R = \dfrac{-\theta^2 + 6\theta - 1}{4(1+\theta)}, p_i^R = \dfrac{t(\theta^2 - 4\theta + 3)}{2(1+\theta)^2} \right\}$。这表明,如果相对绩效评估权重超过临界值 θ^m,两个企业都会选址 $x_i^R > 0$,即"最大化差异原理"开始失效了。注意到此时 x_i^R 是 θ 的增函数,而 p_i^R 是 θ 的减函数,这表明增加相对绩效评估权重不但会激

化两个企业的价格竞争,还会加剧它们的选址竞争。其原因是,相对绩效评估权重越大,每个企业将越有积极性通过降低对手的利润来增加自己的"实际收益"。

特别地,当 $\theta = 1$ 时,$\Pi_i^* = \pi_i^* - \pi_j^*$,混合绩效评估退化为纯相对绩效评估,博弈均衡退化为 $\{x_i^R = \frac{1}{2}, p_i^R = 0\}$,而这正是 Hotelling 意义上的最小化差异原理的结果。从经济学含义上看,当 $\theta = 1$ 时,就企业 i 而言,提高自己的利润和降低对手的利润对其"实际收益"的作用是完全相同的。给定企业 j 选择 $x_j \leqslant 1 - x_i$,企业 i 增加 x_i 将激化两个企业在第二阶段的价格竞争,这必然会降低企业 j 的利润,也会降低企业 i 的利润(增加企业 i 利润的情形显然不用考虑,因为如果这样,企业 i 必然会增加 x_i),但注意到增加 x_i 意味着企业 i 的需求增加而企业 j 的需求下降,故企业 i 的利润下降幅度必然小于企业 j 的利润下降幅度,或者说,增加 x_i 会提高企业 i 的实际收益。反过来说,企业 j 也会做类似的策略选择。最终,根据选址的对称性,只有当企业 i 选择 $x_i^R = \frac{1}{2}$ 时,其实际收益才不会随着 x_j 的任何变化而下降。

换个角度看,上述结论或许更加容易理解。由定义,$\theta = 1$ 时,$\eta \to \infty$,则对企业 i 的实际收益 $\Gamma_i = \pi_i + \eta(\pi_i - \pi_j)$ 而言,只有 $\pi_i - \pi_j$ 才是重要的。此时不管企业 j 如何选择,企业 i 将位置选择在 $\frac{1}{2}$ 都是最优的:如果企业 j 选择 $x_j \neq \frac{1}{2}$,则由价格竞争结果可知,企业 i 的利润高于企业 j 的利润,因而企业 i 的实际收益将趋于无穷大;反过来说,如果企业 j 选择 $x_j = \frac{1}{2}$ 而企业 i 选择 $x_i \neq \frac{1}{2}$,则价格竞争的结果是其利润将小于企业 j,因而它的实际收益会趋于负无穷。由于 i 和 j 是任意的,故博弈的最终结果是两个企业都选址在 $\frac{1}{2}$ 的位置。这表明,当两个企业面临纯粹的相对绩效时,它们就像是陷入了"囚徒困境",因为一旦他们选择了相同的位置,价格竞争的结果是两个企业的利润相等(均为 0),进而他们的净收益都等于零。

三、基于产量的相对绩效评估与恶性竞争

上面我们考虑了基于利润的相对绩效评估体系下的区位和价格竞争。在这一节中,我们将考虑基于数量的相对绩效评估,借此说明前面的许多结论与如何定义"相对绩效"并没有太大的关系。当然,一旦我们改变相对绩效评估基准,也会出现一些新的结果。

首先,不管是采取哪种相对绩效方式,消费选择就和之前是完全一样的。为参考方便,我们将前面的结果在此引用过来。也就是说,对 p_i、p_j、x_i 和 x_j,企业 i 的需求为:

$$D_i(p_i, p_j, x_i, x_j) = \frac{p_j - p_i}{2t(1 - x_i - x_j)} + \frac{1 + x_i - x_j}{2}, \text{其中 } i,j = A, B; i \neq j$$
(4.28)

但与之前不同的是,现在企业 i 最大化的收益是

$$\Gamma_i(p_i, p_j, x_i, x_j, \eta) = p_i D_i + \eta(D_i - D_j) = (p_i + 2\eta)D_i - \eta \quad (4.29)$$

其中 $\eta \in [0, \infty)$,$p_i D_i$ 是企业 i 自己的销售利润,而 $D_i - D_j$ 是它对企业 j 的相对绩效,而 η 是相对绩效评估权重。很显然,给定 $\eta \geq 0$,当 $D_i - D_j > 0$ 时,企业 i 受到奖励,反之则受到惩罚。

和前面一样,我们仍然采用逆向归纳法求解这个多阶段动态博弈,而均衡概念仍然是纳什均衡。

(一) 价格竞争

首先看价格竞争。此时 x_i、x_j 以及 η 都是参数。按照纳什均衡的定义,给定 p_j,企业 i 选择 p_i 以最大化其收益 $\Gamma_i(p_i, p_j, x_i, x_j, \eta)$。与之对应的一阶条件为:

$$\frac{\partial \Gamma_i}{\partial p_i} = D_i + (p_i + 2\eta)\frac{\partial D_i}{\partial p_i} = 0 \quad (4.30)$$

将 (4.28),即 D_i 的形式,以及 $\dfrac{\partial D_i}{\partial p_i} = \dfrac{-1}{2t(1 - x_i - x_j)}$ 代入这个一阶条

件,并经过简单的化简可得:

$$2p_i - p_j = -2\eta + t(1-x_i-x_j)(1+x_i-x_j) \quad (4.31)$$

$$-p_i + 2p_j = -2\eta + t(1-x_i-x_j)(1-x_i+x_j) \quad (4.32)$$

联立两个一阶条件可得:

$$p_i^*(x_i, x_j, \eta) = -2\eta + \frac{t}{3}(1-x_i-x_j)(3+x_i-x_j) \quad (4.33)$$

命题 4.5   产品趋同会加剧价格竞争,即有

$$\frac{\partial p_i^*(x,\eta)}{\partial t} = \frac{1}{3}(1-x_i-x_j)(3+x_i-x_j) > 0 \quad (4.34)$$

$$\frac{\partial p_i^*(x,\eta)}{\partial x_i} = -\frac{2t}{3}(1+x_i) < 0 \quad (4.35)$$

$$\frac{\partial p_i^*(x,\eta)}{\partial x_j} = -\frac{2t}{3}(2-x_j) < 0 \quad (4.36)$$

注意到 $0 \leqslant x_i, x_j \leqslant 1$, $0 \leqslant x_i + x_j \leqslant 1$,由(4.35)和(4.36)立即得到:

推论 4.6 $\left|\frac{\partial p_i^*}{\partial x_i}\right| \leqslant \left|\frac{\partial p_i^*}{\partial x_j}\right|$,也就是说,每个企业定价受其本身位置变化影响的敏感度大于受竞争者位置变化影响的敏感度。

推论 4.7   如果 $x_i < \frac{1}{2}$,则 $\left|\frac{\partial p_j^*}{\partial x_i}\right| < \left|\frac{\partial p_j^*}{\partial x_i}\right|$;反之,如果 $x_i > \frac{1}{2}$,则 $\left|\frac{\partial p_j^*}{\partial x_i}\right| > \left|\frac{\partial p_j^*}{\partial x_i}\right|$。

进一步,我们可以得到下面的命题:

命题 4.6 $\frac{\partial p_i^*(x,\eta)}{\partial \eta} = -2 < 0$,即相对绩效评估会加剧价格竞争。

这些命题或推论与前面是完全类似的,不需要太多的解释和说明。

进一步,利用(4.33)可得:

$$p_i^* - p_j^* = \frac{2t}{3}(1-x_i-x_j)(x_i-x_j) \quad (4.37)$$

(二)区位竞争

再将(4.37)和(4.33)代入(4.28)和(4.29)可得,价格竞争均衡下企业 i 的需求和实际收益分别为:

$$D_i^*(x_i, x_j) = \frac{p_j^* - p_i^*}{2t(1-x_i-x_j)} + \frac{1+x_i-x_j}{2} = \frac{1}{2} + \frac{x_i - x_j}{6} \quad (4.38)$$

$$\Gamma_i^* = (p_i^* + 2\eta)D_i^* - \eta = \frac{t}{18}(1-x_i-x_j)(3+x_i-x_j)^2 - \eta \quad (4.39)$$

进而有

$$\frac{\partial \Gamma_i^*}{\partial x} = -\frac{t(3+x_i-x_j)}{18}(1+x_i+x_j) < 0 \quad (4.40)$$

考虑到区位非负约束,我们得到了与 Neven 模型完全相同的"最大化差异原理"的结果:两个企业会将它们的位置分别选在线性城市的两个端点。

上面的分析表明,引入这种形式的相对绩效评估,不会对经典模型的结果产生任何影响,因为在价格竞争均衡下,每个企业 i 的均衡需求或收益都与相对绩效评估无关。为什么会出现这样的结果? 仔细想一下,这实际上是非常容易理解的。

参照(4.30)不难发现,如果相对绩效评估与产量差异挂钩,那么,从企业 i 的角度看,它的收益与没有相对绩效评估相比,相当于边际成本从 0 变成了 -2η;给定任意区位分布,这种感知成本(perceived cost)的降低就会使它们进行更加激烈的价格竞争。但是,只要 η 给定,那么每个企业的感知边际成本也就给定了。这样,它们在进行区位选择时,就必然会通过增加产品差异化来弱化它们的价格竞争。原因是现在交通成本是平方型的,每个企业通过降价来抢夺对手的需求的难度是呈非线性增加的。所以,就正如 Neven 模型一样,在"抢生意"这种"向心力"和通过增加差异化增加垄断力量这种"离心力"之间,后者占优了。

基于以上研究结果,如果我们认为引入基于产量的相对绩效评估没有任何意义,那就可能大错特错了,因为这后面实际上隐藏着一些非常有趣的理论结果和政策含义。

由(4.40)、(4.33)、(4.38)和(4.39),并考虑区位的非负约束,假定两个企业都进入市场,则这个两阶段区位—价格博弈的均衡结果为:

$$\{x_i^R = 0, p_i^R = t - 2\eta, \Gamma_i^* = \frac{p_i^R}{2} = \frac{t}{2} - \eta\} \quad (4.41)$$

首先,如果相对绩效评估权重较小,即 $\eta < \frac{t}{2}$,那么每个企业的定价都高于边际成本,即 $p_i^R > 0$,每个企业的实际均衡收益也为正,即 $\Gamma_i^* > 0$。只要 $\eta < \frac{t}{2}$ 仍然满足,那么,η 的增加就只会影响到社会福利在消费者与企业之间的分配,而不会影响社会总福利。原因是,给定消费者具有单位需求而且市场是全覆盖的,那么社会总福利是否有变化就只与消费者购买产品的交通成本有关;而一旦两个企业都各自选择在端点,那么总的交通成本也就不会发生变化了。在这种情况下,η 增加会提高消费者剩余而降低企业利润。

但是,一旦相对绩效评估权重很大,即有 $\eta > \frac{t}{2}$,那么每个企业的定价都会低于边际成本,即 $p_i^R < 0$,它们的实际均衡收益也为负,即 $\Gamma_i^* < 0$。价格低于边际成本,这恰好就是通常情况下对"恶性竞争"的定义。

如果两个企业必须进入市场(不能退出)而且已经在市场里面了,而它们所需要做的事情只是先选择区位再进行价格竞争,那么,博弈结果就已经完全由(4.41)刻画出来了。这种情况有一个很直接的解释:两个企业都在进行"恶性竞争"。

现在,我们考虑更加一般的情况,两个企业可以选择是否进入。这相当于是在前面的区位—价格两阶段博弈之前加了一个进入选择阶段。特别地,我们假设每个企业都可选择是否进入,而进入或不进入的决策都是一次性的;也就是说,如果进入,就不能退出;如果不进入,就不能再进入了。如果某个企业不进入,那么它的实际收益标准化为零。如果两个企业都进入了,他们就面临前述的基于产量的相对绩效评估,并在此基础上进行区位价格竞争博弈。

为了求解这个博弈,我们必须考虑这样一种可能性,即只有一个企业进入市场。这时候,它该如何选址,如何定价?

选址问题的答案是很明确的,因为只有一个企业,根据对称性,它必然会选址在线性城市的中间。所以,剩下的问题是,它该如何定价?而讨论的关键就是,最终市场是否是全覆盖的?参照附录分析,有如下命题。

命题 4.7 如果市场中只有一个垄断企业,其选址必然位于线性城市的中央。进一步,如果 $\frac{t}{u} < \frac{4}{3}$,则垄断企业定价为 $\tilde{p} = \frac{2u}{3}$,市场是不完全覆盖的,其垄断利润为 $\tilde{\pi} = \sqrt{\frac{16u}{27t}}$;而如果 $\frac{t}{u} \geqslant \frac{4}{3}$,则垄断企业定价为 $\tilde{\tilde{p}} = u - \frac{t}{4}$,市场是完全覆盖的,其垄断利润也为 $\tilde{\tilde{\pi}} = \tilde{\tilde{p}} = u - \frac{t}{4}$。

为了进一步分析,我们定义:$\pi^m = \max\{\tilde{\pi}, \tilde{\tilde{\pi}}\}$,这是市场只有一个垄断企业时它可以获得的最优利润。

现在回过头来考虑 $\eta > \frac{t}{2}$ 时的市场进入和恶性竞争问题。根据前面的设定,如果两个企业都不进入,它们的收益都为 0;如果只有一个企业进入,则进入者获得 π^m,而不进入者的收益为 0;如果两个都进入,它们的实际收益为 $\frac{t}{2} - \eta < 0$。

不难理解,这个进入博弈有两个纯战略纳什均衡和一个混合战略纳什均衡。先看纯战略纳什均衡。给定企业 A 进入市场,那么,企业 B 就不会进入,因为不进入的收益(为 0)大于进入的收益(为 $\frac{t}{2} - \eta < 0$);反过来,给定企业 B 不进入,那么,企业 A 的最优策略就是进入。由此可见,(进入,不进入)是一个稳定的纳什均衡。根据对称性,(不进入,进入)也是一个稳定的纳什均衡。

当然,为了讨论恶性竞争,我们最感兴趣的则是混合战略均衡。根据对称性,假设每个企业进入市场的概率为 λ,企业 A 进入市场的收益为:

$$E = \lambda\left(\frac{t}{2} - \eta\right) + (1 - \lambda)\pi^m \tag{4.42}$$

其中第一项表示企业 A 进入而企业 B 也进入的收益,第二项表示企业 A 进入但企业 B 不进入的收益。

进一步,根据混合战略均衡的定义,如果企业 A 在进入与不进入之间是无差异的,那么,采取两种战略的收益必须是相等的。因为不进入时它的收益为零,故必然有

$$E = \lambda\left(\frac{t}{2} - \eta\right) + (1-\lambda)\pi^m = 0 \qquad (4.43)$$

由此可以得到均衡的进入概率为：

$$\lambda^* = \frac{\pi^m}{\pi^m + \eta - \dfrac{t}{2}} \qquad (4.44)$$

进一步，$\dfrac{t}{u} \geqslant \dfrac{4}{3}$，则单企业垄断时市场是不完全覆盖的，此时 $\pi^m = \tilde{\pi} = \sqrt{\dfrac{16u}{27t}}$，相应地，将其带入可知，均衡时的进入概率为：

$$\tilde{\lambda}^* = \frac{1}{1 + \dfrac{\eta - \dfrac{t}{2}}{\sqrt{\dfrac{16u}{27t}}}} \qquad (4.45)$$

显然，若 u 越大，η 越小，均衡进入概率将越大。其背后的原因是，u 越大，则单企业的垄断利润越大，进而进入市场的吸引力增强了。而 η 越大，表明一旦两个企业都进入，恶性竞争的激烈程度就越高，这就降低了企业进入市场的积极性。

但是，交通成本 t 对 $\tilde{\lambda}^*$ 的影响则不确定。其原因是，给定其他情况不变，t 增加总是会增加企业的实际收益，不管这是"恶性竞争"的双寡头收益还是垄断利润，而均衡概率最终取决于两者的相对大小。简单的计算表明：

$$\operatorname{sgn}\left(\frac{\partial \tilde{\lambda}^*}{\partial t}\right) = -\operatorname{sgn}\left(\eta - \frac{3}{2}t\right) \qquad (4.46)$$

由此，当 $\dfrac{2}{3}\eta < t < 2\eta$ 时，$\dfrac{\partial \tilde{\lambda}^*}{\partial t} > 0$；而当 $t < \dfrac{2}{3}\eta$ 时，$\dfrac{\partial \tilde{\lambda}^*}{\partial t} < 0$。

如果 $\dfrac{t}{u} \geqslant \dfrac{4}{3}$，则单企业的垄断利润为 $\tilde{\tilde{\pi}} = \tilde{\tilde{p}} = u - \dfrac{t}{4}$，将其带入可知，均衡的进入概率为：

$$\tilde{\tilde{\lambda}}^* = \frac{1}{1 + \dfrac{\eta - \dfrac{t}{2}}{u - \dfrac{t}{4}}} \qquad (4.47)$$

与刚才一样，u 越大，η 越小，则均衡进入概率将越大。至于交通成本 t，简单的计算表明，如果 $\eta > 2u$，则 t 越大，$\tilde{\tilde{\lambda}}^*$ 越大；反之，如果 $\eta < 2u$，则 t 越大，$\tilde{\tilde{\lambda}}^*$ 越小。

最后，只有当两个企业同时进入市场时，恶性竞争才会出现。所以，在混合战略均衡下，恶性竞争出现的均衡概率为

$$\Lambda^* = \begin{cases} (\tilde{\lambda}^*)^2 & \text{如果 } \dfrac{t}{u} \geqslant \dfrac{4}{3} \\ (\tilde{\tilde{\lambda}}^*)^2 & \text{如果 } \dfrac{t}{u} < \dfrac{4}{3} \end{cases} \tag{4.48}$$

基于上面的分析，我们可以得到如下命题：

命题 4.8 给定 $\dfrac{t}{2} - \eta < 0$，则在混合战略均衡下恶性竞争出现的概率为 Λ^*。相对绩效评估强度 η 越大，恶性竞争出现的概率越低，但一旦出现，其激烈程度也越大（价格低于成本的幅度越大）。

四、本章小结

本章在具有平方交通成本的 Hotelling 模型基础上分析了两企业两阶段的选址—价格竞争问题。与已有相关文献相比，本章最大的区别是引入了相对绩效评估。我们分别考虑了基于利润和基于产量的相对绩效评估体系。

在基于利润的相对绩效评估体系下，每个企业的"实际收益"不但依赖于自己的利润（绝对绩效），还依赖于它与对手企业的利润之差（相对绩效），而实际收益与此利润之差的系数代表了相对绩效评估权重。

不难理解，引入相对绩效评估使每个企业都有缩小产品差异化的激励，因为这样可以降低对手的利润，进而可以改善自己的相对绩效。当然，相对绩效评估的权重越高，这种缩小产品差异的"向心力"就越强。分析表明，对应于不同的相对绩效评估权重，本章模型可以得到已有文献的各种理论结果。具体地，当相对绩效权重低于某个临界值时，两个企业会分别选址在线

性城市的两个端点,这对应于 Neven(1985)的最大化差异原理结果。当两个企业面临纯相对绩效时,两个企业会选址在同一位置,产品差异完全消失,每个企业都获得零利润,这正是 Hotelling(1929)严格意义上的最小化差异原理结果。在其他情况下,最小化差异原理和最大化差异原理都是失效的,两个企业既不会分别选址在两个端点,也不会选址在同一位置,这类似于 Economides(1987)基于一般化交通成本形式所得到的分析结果。

本章模型或许可以为理解困扰中国经济发展的重复建设问题提供一些新的洞见。的确,如果将两个企业理解为两个地方政府(或由它们各自控制的国有企业),将它们的利润看作地方政府 GDP 的量度(即假设两者呈正相关关系),而将相对绩效评估权重理解为地方官员的晋升概率与赢得 GDP 锦标赛之间的敏感度系数,则由本章模型的逻辑可知,当地方官员晋升与 GDP 的相对绩效存在强烈正相关时,他们就很有积极性进行重复建设(对应于本章模型,这相当于市场竞争的产品差异度小于社会最优水平),目的就是通过降低竞争对手的 GDP 表现来增加自己赢得晋升博弈的可能性;但由对称性可知,这样做只会降低他们各自的绝对收益,却不会改善任何一方的相对绩效,最终每一方都还是获得相同的晋升概率。由此看来,如果双方能以相同幅度扩大产品差异,他们都会因此而获利,因为这不改变双方的相对绩效,却可以增加各自的绝对绩效(当产品过度差异化时,也是可以改进社会福利的)。然而,当两个地方政府(官员)面临很强的相对绩效评估时,这是不可能的。由于"选址"竞争是战略替代的,如果一方采取产品差异化策略,另一方就有积极性缩小产品差异,最终结果是采取差异化战略的一方吃亏;预期到这个结果,他们就不可避免地陷入了进行重复建设的"囚徒困境"。

从本章模型的观点来看,降低相对绩效评估权重是解开上述重复建设"囚徒困境"的关键所在。由此,我们可以得到两个方面的政策建议。第一,作为一种权宜之计,在考核地方官员时,中央政府应该适当弱化 GDP 锦标赛,并增加对绿色 GDP 以及民众满意度等绝对绩效指标的关注程度。第二,认识到官员之所以能够决定"重复建设",乃是因为他们兼具企业"经理"和政府"官员"的双重身份,"政企分开"或许是解决重复建设的治本之策。

若能切实落实"政企分开",即便保持现有的 GDP 锦标赛制度不变,政府官员也无法干涉私人企业的投资决策,而私人企业为了追求绝对利润最大化,将更有积极性选择差异化的投资项目。

附录 单企业垄断下的垄断定价与市场覆盖

为了讨论这个问题,我们假设消费者如果不购买该种产品,其外部保留效用标准化为 0,而消费者使用该产品本身得到的效用为 u。这样,给定垄断者定价为 p,到线性城市中央距离为 z 的消费者如果购买该产品,其所得净效用为 $u-tz-p$,所以,只有当 $u-tz^2-p>0$,消费者 z 才愿意购买该产品。很显然,为了有人购买,必须有 $p<u$。在此假设下,令

$$z^2 = \frac{u-p}{t} \tag{4.49}$$

可得唯一的

$$\hat{z} = \sqrt{\frac{u-p}{t}} \tag{4.50}$$

使得只有那些 $z<\hat{z}$ 的消费者才愿意在价格 p 下购买该产品。

注意到,距离中央最远的消费者(即位于线性城市两端的两个消费者)到中央的距离为 $\frac{1}{2}$。所以,如果 $\hat{z} \geqslant \frac{1}{2}$,则市场是完全覆盖的;反之,如果 $\hat{z} < \frac{1}{2}$,市场就是不完全覆盖的。

先假设市场是完全覆盖的。那么,此时,该垄断企业的需求为常数 1,因而其利润就等于其定价 p。这样,如果 $\hat{z} > \frac{1}{2}$,则垄断企业稍许增加 p,所有的消费者仍然都会购买。所以,均衡情况下不可能有 $\hat{z} > \frac{1}{2}$,即必然有 $\hat{z} \leqslant \frac{1}{2}$,或者 $\hat{z} = \sqrt{\frac{u-p}{t}} \leqslant \frac{1}{2}$,或者

$$p \geqslant \tilde{p} = u - \frac{t}{4} \tag{4.51}$$

很显然,如果垄断企业要维持市场全覆盖,其最优利润也就等于

$$\tilde{\pi} = \tilde{p} = u - \frac{t}{4} \tag{4.52}$$

进一步,如果垄断企业要继续提高价格,市场就变成不完全覆盖了,即对应于价格 $p > \tilde{p}$,垄断企业的市场需求为:

$$D = 2\hat{z} = 2\sqrt{\frac{u-p}{t}} \tag{4.53}$$

进而它的垄断利润为

$$\pi = Dp = 2p\sqrt{\frac{u-p}{t}} \tag{4.54}$$

垄断企业的目的就是选择 p 以最大化其垄断利润。由一阶条件可得,相应的"最优"价格为:

$$\breve{p} = \frac{2u}{3} \tag{4.55}$$

为了判断 $\breve{p}$ 是否真的是"最优"价格,我们必须验证前提条件是否成立,因为 $\breve{p}$ 是在 $\breve{p} < \tilde{p}$ 下得到的。

如果 $\breve{p} < \tilde{p}$,或 $\frac{t}{u} < \frac{4}{3}$,那么,求解 $\breve{p}$ 的前提和结果是自洽的,因而的确就是垄断企业利润最大化的"最优"价格,与之对应,市场是不完全的。

反之,如果 $\breve{p} > \tilde{p}$,求解 $\breve{p}$ 的前提和结果就是相互矛盾的;而与之对应,垄断利润最大化的价格就是 $\tilde{p} = u - \frac{t}{4}$,而市场也是完全覆盖的。

将上面的分析结果总结起来,就可以得到正文中的命题 4.6。

第五章
经营城市视角下的招商引资和房产开发

一、引　言

在区域间竞争中,土地政策扮演着极其重要的角色。一方面,提供廉价土地和配套基础设施是区域间招商引资竞争的关键举措;另一方面,从房地产市场所得到的土地拍卖收入是地方财政的重要来源,而在投资拉动型增长模式下,地方财政是否丰裕就成为决定区域竞争的核心因素。本章将在考察中国地区竞争模式演变的基础上,研究地方政府在工业和商住用地出让方面的不同策略,以及背后的理论机制。我们先建立一个基本的分析框架,然后在此基础上进行模型设定,并分步骤进行最优化讨论,最后得到相关结论并给出政策建议。

下图展示了经营城市的基本过程。图中的圆框代表了城市土地的总量。我们不妨考察城市政府稍许增加一些工业土地产生的各种效果。首先看左边的箭头。工业用地增加,比如政府将更多土地用于道路等基础设施建设,则企业雇佣劳动的边际生产率将会提高;因而,给定劳动工资不变的情况下,企业就会雇佣更多的劳动,导致居民的劳动总收入增加,进而使得他们的住房需求增加。其次,给定城市土地总量不变,一旦工业用地增加,住宅用地减少进而住宅供给也就会减少。住宅供给减少而住宅需求增加,两种因素共同作用的结果必然是住宅价格上涨,而在住宅用地招拍挂的体制下,这又意味着单位住宅用地的拍卖价格的提高。而政府的土地出让金是住宅土地出让面积和单位住宅土地拍卖价格的乘积。从土地财政或者经营城市的角度看,城市政府就是要通过选择合理的工业用地和住宅用地比例来最大化土地出让金的总量。从上述机制描述中不难看出,土地引资和房产开发都是土地财政必不可少的两个环节,城市政府为最大化土地财政,必须在土地的两种用途之间进行最优的权衡。

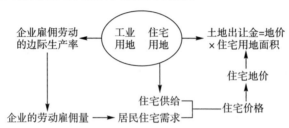

图 5.1 "经营城市"模式下的土地引资和房产开发

下面,我们就分步骤,通过一个简单的模型刻画上面的机制。

二、模 型

作为分析的起点,我们暂不考虑征地行为,假设城市政府拥有一定量的土地,这是外生给定的。不失一般性,我们将城市土地总量标准化为1。如前所述,尽管城市土地有多种用途,但为简化分析,我们一般假设城市土地只有两种用途,即工业用地和住宅用地。这样,作为城市土地的垄断所有者,城市政府的目标就是选择工业土地和住宅用地的配置比例,以最大化其从城市土地所获得收益,而这正是土地财政的要义。

(一)房地产市场的生产函数和房屋供给量

房屋建设牵涉到土地和建材等多种要素,但从经营城市的视角来看,城市土地才是城市住宅建设最为核心的要素。给定容积率,房产数量和土地数量基本上是一种简单的线性关系。为了尽可能简化分析,我们将容积率参数标准化为1,也将建材成本标准化为零。也就是说,城市住宅具有生产函数 $H = T_1$,其中 T_1 就是用于开发住宅给的土地数量。

进一步,给定住宅建设的生产函数,城市政府作为城市土地的垄断者,一旦决定了住宅土地供应量 T_1,它也就实际上控制了房产市场的住宅供给量 $S = T_1$。

(二)开发商的自由进入和土地价格的决定

住宅用地需求是由房产需求派生而来的,所以,住宅用地的土地价格最终是由房产价格所决定的。对应到中国现实,这就是住宅用地的"招拍挂"过程。政府向社会投放 T_1 的住宅用地,房产开发商对此展开竞标。由于我们将建筑材料等成本标准化为零,给定房产价格 p,某个房地产商获得单位土地将得到 p 的房产销售利润。由于房产开发是自由进入的,那么,每个房地产商为拍得单位土地而愿意支付的最高价格就恰好是房产价格。也就是说,住宅土地的拍卖价格为

$$l = p$$

(三)消费者选择和房地产需求的确定

假设消费者收入为 I,全部用于购买房屋 H 和"复合产品" X。进一步假设消费者具有如下拟线性效用函数:$\ln X + H$,即消费者对 X 的购买不具有收入效应。不妨以复合产品作为计价物,则消费者面临的问题就是

$$\max \ln X + H$$
$$s.t.\ X + pH = I$$

求解上述规划可得消费者对房产的需求函数为

$$H = \frac{I}{p} - 1$$

(四)招商引资和居民收入的决定

如前所述,"经营城市"包括两个有机的组成部分:除了将一部分土地用

于房地产开发,另一部分土地需要用于招商引资,因为这样才能提高居民对房地产的购买力。我们将 $T_2 = 1 - T_1$ 的土地定义为工业用地。本章假设政府将 T_2 全部用于基础设施建设,比如通过修建道路或者提供各种配套设施以提高企业的生产效率。与之对应,假设企业的生产函数为

$$f = T_2 n^\gamma \tag{5.1}$$

其中 n 是就业量,而参数 $\gamma \in (0,1)$ 代表了劳动的产出弹性。进一步假设工业品价格 g 和劳动力价格 w 都是外生给定的参数,则企业利润为:

$$\pi = gT_2 n^\gamma - wn \tag{5.2}$$

企业选择 n 进行利润最大化。相应的一阶条件为:

$$n = \left(\frac{g\gamma T_2}{w}\right)^{\frac{1}{1-\gamma}} \text{ 或者 } T_2 = \frac{w}{\gamma g} n^{1-\gamma} \tag{5.3}$$

给定 w,一旦确定了 n,我们也就确定了居民的总收入为 $I = nw$;将其带入前面的方程,由此可得居民对房地产的需求为

$$D = \frac{nw}{p} - 1 \tag{5.4}$$

而居民对"复合商品"的需求则为

$$X = nw - pH = p \tag{5.5}$$

这清楚地表明,房地产需求是其价格的减函数,是居民收入的增函数;而居民对"复合商品"的需求则没有收入效应,只有替代效应。

(五)房地产市场出清

在均衡情况下,房产市场上房屋的供给量和需求量应该相等,即

$$T_1 = 1 - T_2 = \frac{nw}{p} - 1 = \frac{\left(\frac{g\gamma T_2}{w}\right)^{\frac{1}{1-\gamma}} w}{p} - 1 \tag{5.6}$$

由此,我们可以确定房产价格或土地价格与就业量之间的关系

$$l = p = \frac{nw}{2 - T_2} = \frac{\left(\frac{g\gamma T_2}{w}\right)^{\frac{1}{1-\gamma}} w}{2 - T_2} \tag{5.7}$$

很显然,工业用地越多,房产价格越高。这里面有两种机制:第一,工业用地越多,则住宅用地越少,进而房产供给越少;第二,工业用地越多,企业

雇佣劳动的边际生产越高,给定劳动工资,企业就会雇佣更多的劳动,进而居民收入就越高,进而对房产的支付能力也就越高。

(六)房产用地和工业用地比率的确定

城市政府作为城市土地的垄断者,通过"经营城市"充实"土地财政"的关键就是选择房产用地和工业用地之间的合适比例以最大化土地出让金收入。在本章模型中,工业用地并不直接给政府带来收入,但它却能通过增加企业生产效率来增加就业量和居民收入,进而推高房价和地价。进一步,考虑到土地出让金的总量等于住宅用地和地价的乘积,因而从土地财政的角度看,城市政府将所有土地都用于房产开发或者工业生产都不是最优的。将所有土地都用于工业生产,尽管这可以提高企业生产率和就业量,但却无法转化为政府收入;反过来,若将全部土地用于房产开发,居民将会因为没有收入而无力购买。所以,为了最大化土地出让金,城市政府必须在两种土地用途之间找到某个最佳的配置比例。

具体地,政府选择工业用地比率 T_2 来最大化土地出让金收入:

$$lT_1 = pT_1 = mw - p = mw - \frac{mw}{2-T_2} = \left(\frac{g\gamma T_2}{w}\right)^{\frac{1}{1-\gamma}} w - \frac{\left(\frac{g\gamma T_2}{w}\right)^{\frac{1}{1-\gamma}} w}{2-T_2}$$

对 T_2 求一阶条件,并整理可得

$$T_2^2 - (4-\gamma)T_2 + 2 = 0$$

由此可知,政府为最大化土地出让金收入而选择的最优工业用地比率为[①]

$$T_2^* = \frac{4-\gamma-\sqrt{(4-\gamma)^2-8}}{2} \tag{5.8}$$

容易验证 T_2^* 也满足最优化的二阶条件,并且有

$$\frac{\partial T_2^*}{\partial \gamma} = \frac{1}{2}\left[\frac{4-\gamma}{\sqrt{(4-\gamma)^2-8}} - 1\right] > 0 \tag{5.9}$$

---

① 由于 $T_2<1$,另一个根 $T_2 = \frac{4-\gamma-\sqrt{(4-\gamma)^2-8}}{2}$ 不符合条件,舍去。

命题 5.1 地方政府为最大化土地出让金而配置的工业用地比率为 T_2^*，它只依赖于劳动产出弹性 γ，而与劳动力价格 w 和工业品价格 g 无关。劳动产出弹性 γ 越大，工业用地比率 T_2^* 也越大。

在本章模型中，我们为了强调土地引资与土地财政之间的逻辑关联，假设居民收入完全来自于劳动所得，即忽略了遗产等其他收入来源。这样，一个有趣的问题是，在经营城市的过程中，居民到底会将其劳动所得的多少用于购买房产？在均衡情况下，这个比例是由什么因素所决定的？

根据前面的分析可知，在均衡情况下，居民的劳动所得总量为 $n^* w$，而用于购买房产的支出为 $p^* T_1^*$，因而房产支出占居民收入的比例为：

$$b^* = \frac{p^* T_1^*}{n^* w} = \frac{1 - T_2^*}{2 - T_2^*} = 1 - \frac{1}{2 - T_2^*} \tag{5.10}$$

命题 5.2 均衡情况下，房产支出占居民劳动收入比例 b 仅仅依赖于工业土地用地比率 T_2^*，即只与劳动产出弹性 γ 有关，而与劳动力价格 w 和工业品价格 g 无关。而且劳动产出弹性 γ 越大，工业用地比率 T_2^* 也越大，房产支出占居民劳动收入的比例越小。

下面再来考察均衡时的劳动雇佣量、房价（地价）、土地出让金收入、消费者剩余、企业利润和社会福利与各参数之间的关系。简单的计算表明，

均衡时劳动雇佣量为

$$n^* = \left(\frac{g\gamma T_2^*}{w}\right)^{\frac{1}{1-\gamma}} \tag{5.11}$$

均衡时房价为

$$p^* = \frac{n^* w}{2 - T_2^*} = \frac{n(T_2^*, \gamma) w}{2 - T_2^*} = \frac{(g\gamma T_2^*)^{\frac{1}{1-\gamma}} w^{-\frac{\gamma}{1-\gamma}}}{2 - T_2^*} \tag{5.12}$$

均衡时土地出让金收入为

$$R^* = p^* T_1^* = n^* w \frac{1 - T_2^*}{2 - T_2^*} \tag{5.13}$$

均衡时消费者剩余为

$$S^* = \ln(p^*) + T_1^* = \ln\left(\frac{n^* w}{2 - T_2^*}\right) + 1 - T_2^*$$

$$= \ln\left(\frac{(g\gamma T_2^*)^{\frac{1}{1-\gamma}} w^{-\frac{\gamma}{1-\gamma}}}{2 - T_2^*}\right) + 1 - T_2^* \tag{5.14}$$

均衡时企业利润为

$$\Pi^* = gn^{*\gamma} - n^*w \tag{5.15}$$

而均衡时社会福利为

$$W^* = S^* + R^* + \Pi^* \tag{5.16}$$

由此可以得到 $\frac{\partial n^*}{\partial g} > 0, \frac{\partial n^*}{\partial w} < 0, \frac{\partial p^*}{\partial g} > 0, \frac{\partial p^*}{\partial w} < 0, \frac{\partial R^*}{\partial g} > 0, \frac{\partial R^*}{\partial w} < 0,$ $\frac{\partial \Pi^*}{\partial g} > 0, \frac{\partial \Pi^*}{\partial w} < 0, \frac{\partial S^*}{\partial g} > 0, \frac{\partial S^*}{\partial w} < 0, \frac{\partial W^*}{\partial g} > 0, \frac{\partial W^*}{\partial w} < 0,$ 进而得到如下命题:

命题 5.3 均衡情况下,工业品价格越高,劳动工资越低,则劳动雇佣量、房产价格、土地出让金收入、企业利润、消费者剩余和社会福利都越大。

g 的作用是非常直接的。给定其他因素不变,g 越大,则企业雇佣单位劳动的边际产出越大,因而企业愿意雇佣更多的劳动,导致居民的房产需求增加。最终的结果是,房价、土地出让金收入、企业利润、消费者和社会福利都会增加。w 有两个方面的作用机制。一方面,给定劳动雇佣量,w 越大,则居民收入越多;但另一方面,w 越大,企业愿意雇佣的劳动数量就会下降。很显然,两种作用是相互抵消的,但从前面的计算可以发现,第二种作用总是占优的,即随着 w 的增加,房价、土地出让金收入、企业利润、消费者和社会福利都是下降的。

这个命题结果可以为理解中国当前的房价问题提供一定的洞见。近年来,随着新劳动法、人民币汇率升值以及人口结构变化等因素,劳动工资呈现出"外生性"的增长。与此同时,由于国际市场需求下降以及中国企业之间的竞争加剧,"中国制造"的产品价格也呈现出"外生性"的下降。基于本命题,我们可以推断,这些因素都会对房价产生负面影响,即构成房价下行的严重压力。

比较复杂的是劳动产出弹性 γ 对均衡的劳动雇佣量 n^*、房价 p^*、土地出让金收入 R^*、消费者剩余 S^*、企业利润 Π^* 和社会福利 W^* 的影响。

不难发现,在所有这些变量中,n^* 是至关重要的中间变量,因为它将招商引资和房产开发联系起来了。

对 n^* 进行微分可知：

$$\frac{dn^*}{d\gamma} = \frac{\partial n^*}{\partial T_2^*}\frac{\partial T_2^*}{\partial \gamma} + \frac{\partial n^*}{\partial \gamma} = \left(\frac{g}{w}\right)^{\frac{1}{1-\gamma}}\frac{1}{1-\gamma}(\gamma T_2^*)^{\frac{\gamma}{1-\gamma}}\frac{\partial(\gamma T_2^*)}{\partial \gamma} + \frac{\ln\left(\frac{g\gamma T_2^*}{w}\right)n^*}{(1-\gamma)^2}$$

(5.17)

不难发现，首先，γ 可以通过影响 T_2 间接影响 n^*，因为 γ 越大，T_2 越大，而 T_2 越大，企业雇佣单位劳动的边际产出越大，因而此效应是正的；其次，γ 也可以直接影响 n^*，而此效应的符号依赖于 $\frac{g\gamma T_2^*}{w}$ 的大小，如果 $\frac{g\gamma T_2^*}{w} > 1$，则此效应是正的，进而总效应也是正的，但如果 $\frac{g\gamma T_2^*}{w} < 1$，则此效应就变成负的，最终总效应取决于间接效应和直接效应的相对强弱。

对 p^* 进行微分可知：

$$\frac{dp^*}{d\gamma} = \frac{\partial p^*}{\partial T_2^*}\frac{\partial T_2^*}{\partial \gamma} + \frac{\partial p^*}{\partial n}\frac{dn^*}{d\gamma} = \frac{\partial p^*}{\partial T_2^*}\frac{\partial T_2^*}{\partial \gamma} + \frac{\partial p^*}{\partial n}\left(\frac{\partial n^*}{\partial T_2}\frac{\partial T_2^*}{\partial \gamma} + \frac{\partial n^*}{\partial \gamma}\right)$$

$$= \left(\frac{p^*}{2-T_2^*} + \frac{p^*}{(1-\gamma)T_2^*}\right)\frac{\partial T_2^*}{\partial \gamma} + \frac{p^*}{(1-\gamma)\gamma} + \frac{\ln\left(\frac{g\gamma T_2^*}{w}\right)p^*}{(1-\gamma)^2} \quad (5.18)$$

由上式不难看出，γ 可以通过如下几个渠道影响 p^*。第一，通过影响 T_2^* 影响 p^*，这是严格正的。第二，通过影响 T_2^* 影响 n^*，再影响 p^*，这也是严格正的。第三，通过直接影响 n^*，再影响 p^*，这一项的符号难以先验确定；具体地，从最后一个等式可以看出，如果 $\frac{g\gamma T_2^*}{w}$ 大于 1，此效应为正，反之则为负。综合起来，我们无法判定 γ 对 p^* 的净影响。类似的道理，我们也无法判定 γ 对土地出让金收入 R^*、消费者剩余 S^*、企业利润 Π^* 和社会福利 W^* 的影响。

鉴于以上原因，我们利用数值模拟来考察 γ 对 n^*、p^*、R^*、S^*、Π^* 和 W^* 的影响。

命题 5.4 依赖于不同的参数 g,w，随着 γ 从 0 到 1，n^*、p^*、R^*、S^*、Π^* 和 W^* 既有可能持续增长，也有可能先增后减。

对于命题 5.4，尽管我们暂时无法进行严格的解析证明，但我们可以通过数值模拟进行说明。实际上,这个命题的证明类似于一种存在性的证明,只要找到参数不同的 g,w 组合分别实现两种情形,我们就达到目的了。

为了进行模拟,我们先固定 g,然后对应于不同的 w,画出 n^*、p^*、R^*、S^*、Π^* 和 W^* 随 γ 的变化趋势。而对于每个 g,我们都分别考察了 $w<g$ 和 $w>g$ 两类情形。模拟结果似乎表明,如果 $g>w$,则 n^*、p^*、R^*、U^*、Π^* 和 W^* 总是随着 γ 的增加而增加。具体的模拟方法、Matlab 源代码以及模拟图形展示参见后面的附录。

命题 5.4 具有明显的福利含义。假设对应于 $g>w$,则 R^*、S^*、Π^* 和 W^* 总是随着 γ 的增加而增加。这背后蕴含的政策含义就是,城市政府在进行招商引资时,应该吸引那些劳动产出弹性尽可能大的企业,这对于企业、居民、政府进而整个社会都是有利的。

进一步,假设对应于 $g<w$,则 n^*、p^*、R^*、U^*、Π^* 和 W^* 就会随着 γ 的增加呈现出先增加后减少的趋势。那么,对应于参数 g 和 w,我们就可以分别找到使得 R^*、S^*、Π^* 和 W^* 最大化的 γ_R^*、γ_S^*、γ_Π^* 和 γ_W^*。

如果 $\gamma_R^* = \gamma_W^*$,则意味着市场情况下城市政府在招商引资方面恰好实现了社会最优,反之则意味着存在市场扭曲。进一步注意到 T_2 是 γ 的增函数,故存在市场扭曲时,如果 $\gamma_R^* > \gamma_W^*$,则意味着城市政府将过多的土地用于招商引资,或将太少的土地用于住宅用地,反之则反是。

命题 5.5 假设参数 g,w 的设定使得 n^*、p^*、R^*、S^*、Π^* 和 W^* 随着 γ 先增后减,则数值模拟结果显示,当 w 比较小时,$\gamma_R^* < \gamma_W^*$,表明城市政府将过少的城市土地配置到招商引资上面,或者将过多的土地用于住宅开发;反过来,当 w 比较大时,$\gamma_R^* > \gamma_W^*$,表明城市政府将过多的城市土地配置到招商引资上面,或者将过少的土地用于住宅开发。

(七)数值模拟结果

我们通过下面的图形和表格来说明命题 5.5。由命题 5.4,我们考虑 $w>g$ 而 $g=1$,w 在 1—3 上的情况($w>g$ 而 $g=2$ 的情形完全类似)。和前面类似,我们将 w 在 1—3 上分成 40 个点,步进幅度就是 0.05。在下图中,位于最上面的虚线对应于 γ_S^*,实线为 γ_R^*,点线为 γ_W^*。从图中可以看出,γ_R^*、

γ_S^* 和 γ_W^* 都随着 w 的增加而下降。进一步，当 w 比较小时，$\gamma_R^* < \gamma_W^*$，而当 w 比较大时，$\gamma_R^* > \gamma_W^*$。此外，附录中给出了更加详细的数值模拟结果以及 Matlab 源代码。

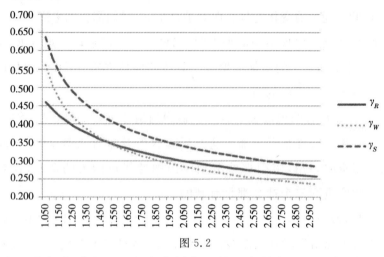

图 5.2

下面，我们来讨论一下这个命题背后的经济学含义。注意到 $W^* = U^* + R^* + \Pi^*$，γ_R^* 和 γ_W^* 之间的差别在于城市政府选择 γ 对消费者和企业所产生的外部性。根据命题 5.5 的假设前提，g 和 w 的参数设置使得 R^*、U^*、Π^* 和 W^* 都随着 γ 呈现出先增后减的趋势。从前面的分析可知，如果 w 比较小，则有 $\frac{g\gamma T_2^*}{w} > 1$，导致 γ 增加会提高 U^* 和 Π^*，此时城市政府如果选择更高的 γ，将会对消费者和企业产生正的外部性，而城市政府在选择 γ 时并不会考虑这种外部性，因而与社会最优相比，城市政府会选择过低的 γ。反过来，如果 w 比较大，则有 $\frac{g\gamma T_2^*}{w} < 1$，导致 γ 增加会降低 U^* 和 Π^*，此时城市政府如果选择更高的 γ，将会对消费者和企业产生负的外部性，而城市政府在选择 γ 时并不会考虑这种外部性，因而与社会最优相比，城市政府会选择过高的 γ。

三、本章小结

本章构建了一个简单的模型，从经营城市的视角分析了城市的土地政策。根据中国的《土地法》,城市政府对城市全民所有制土地具有垄断权,这构成了土地财政的制度基础。城市土地具有多种用途,而为简单起见,又不失一般性,本章模型假设,我们只考虑工业用地和住宅用地。分析表明,土地财政实际上包括两个相互关联的部分,一是土地引资,一是房产开发。尽管城市政府无法从土地引资中获得直接的收益,但增加工业用地(如用于基础设施建设)却会提高企业雇佣劳动的边际产出,使得在给定劳动工资的情况下,劳动雇佣量和居民的劳动所得提高,进而提高市场的房产需求;另一方面,增加工业用地意味着用于房产开发的土地减少,进而房产供给减少。需求面和供给面综合起来,增加工业用地必然会提高房产价格,进而会提高住宅用地的拍卖价格。但是,高房产价格却不一定意味着高土地财政,因为城市政府的土地出让金收入是单位住宅用地的拍卖价格和住宅用地的乘积。从土地财政的视角看,城市政府将选择合适的工业用地比例来最大化土地出让金收入。

本章发现的一个有趣的结果是,最大化土地财政的工业用地比例以及居民房产支出占总收入的比重都只与劳动的产出弹性有关,而与劳动工资和工业品价格无关。

我们也考虑了各参数对均衡情况下的劳动雇佣量、房产价格,土地出让金收入、企业利润、消费者剩余和社会福利的影响。其中,工业品价格越高或者劳动工资越低,则上述各变量将越大。这些结果可以为理解中国当前的房价问题提供一定的洞见。近年来,随着新劳动法、人民币汇率升值以及人口结构变化等因素,劳动工资呈现出"外生性"的增长。与此同时,由于国际市场需求下降以及中国企业之间的竞争加剧,"中国制造"的产品价格也呈现出"外生性"的下降。基于本命题,我们可以推断,这些因素都会对房价产生负面影响,即构成房价下行的严重压力。

但是,劳动产出弹性的影响则比较复杂。我们的数值模拟分析表明,当工业品价格(g)高于劳动工资(w)时,均衡情况下的劳动雇佣量、房产价格、土地出让金收入、企业利润、消费者剩余和社会福利,都会随着劳动产出弹性的增加而增加。但是,当工业品价格低于劳动工资时,均衡情况下这些变量会随着劳动产出弹性的增加呈现先增后减的趋势。

最后,我们还基于数值模拟考察了城市政府招商引资的福利效应。分析表明,在劳动工资大于产品价格的情况下,如果劳动工资较低,则城市政府会将过少的城市土地配置到招商引资上面,或者将过多的土地用于住宅开发;反过来,当劳动工资比较大时,则城市政府会将过多的城市土地配置到招商引资上面,或者将过少的土地用于住宅开发。

附录

附录1　命题5.4的数值模拟方法及其结果[①]

1. 模拟方法

如正文所述,我们先固定 g,然后对应于不同的 w,画出 p^*、R^* 和 W^* 随 γ 的变化趋势。而对于每个 g,我们都分别考察了 $w<g$ 和 $w>g$ 两类情形;每组取值 10 个 w 的值,以 w/g 为参数,组间差 0.1 倍。

2. Matlab 源代码

以 g=1,w 在 0—1 为例的源代码,其他情况只要对初始参数设定进行修改即可。

==

源代码:

```
mm=10;
a=2;
gg=2;
g=zeros(mm,1);
n=zeros(mm,1);
m=100;    % the number of the steps in gama
i=1;
while i<=mm
    n(i,1)=i/mm+a;
```

---

① 感谢胡文皓对本章的数值模拟分析所提供的帮助。

```
        g(i,1)=gg;
        i=i+1;
    end
    i=1;
    gama=zeros(1,m);
    while i<=m
        gama(1,i)=i/m;
        i=i+1;
    end
    w=gg*n;
    T(1,:)=(4-gama-((4-gama).^2-8).^(0.5))/2;    % the i th element is to the i th gama
    p=zeros(mm,m);
    welfare=zeros(mm,m);
    surplus=zeros(mm,m);
    r=zeros(mm,m);
    labor=zeros(mm,m);
    profit=zeros(mm,m);
    i=1;
    j=1;
    while i<=mm
    while j<=m
    p(i,j)=(g(i,1)*gama(1,j)*T(1,j)/w(i,1)).^(1/(1-gama(1,j)))*w(i,1)/(2-T(1,j));
        surplus(i,j)=log(p(i,j))+1-T(1,j);
        r(i,j)=p(i,j)*(1-T(1,j));
    welfare(i,j)=surplus(i,j)+T(1,j)*(p(i,j)*(2-T(1,j))/w(i,1)).^(gama(1,j))-p(i,j)*(2-T(1,j));
        labor(i,j)=p(i,j)*(2-T(1,j))/w(i,1);
        profit(i,j)=(1-T(1,j))*p(i,j);
```

```
                j=j+1;
end
    j=1;
    i=i+1;
end
subplot(321);
plot(gama,labor);title('n');
subplot(322);
plot(gama,p);title('p');
subplot(323);
plot(gama,profit);title('profit');
subplot(324);
plot(gama,r);title('revenue');
subplot(325);
plot(gama,surplus);axis([0 1 -10 0]);title('surplus');
subplot(326);
plot(gama,welfare);axis([0 1 -10 0]);title('welfare');
```

==

3. 模拟结果

(1)g=1,w:0-1

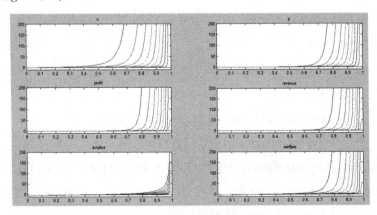

图 5.3

g=1,w:1—2

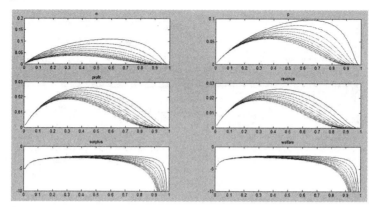

图 5.4

(2) g=1,w:2—3

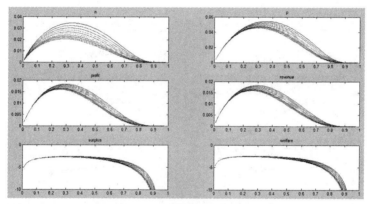

图 5.5

(3) g=2,w:0—2

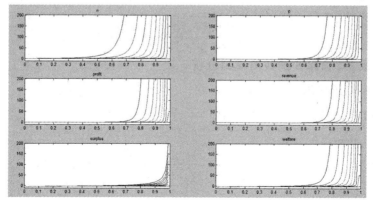

图 5.6

g=2,w:2-4

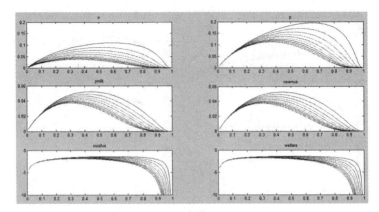

图 5.7

(4)g=2,w:4-6

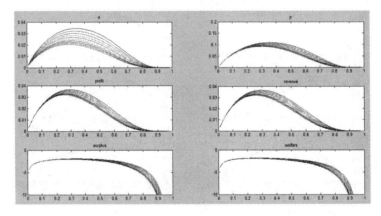

图 5.8

==

附录 2 命题 5 的数值模拟分析

1. 模拟源代码

global g;

global w;

g=1;

i=1;

a=zeros(40,9);

```
while i<=40
    w=g+g/20*i;
    ergama=fminunc(@Revenue,0.5);
    esgama=fminunc(@surplus,0.4);
    ewgama=fminunc(@Welfare,0.3);
    per=P(ergama);
    Ter=T(ergama);
    pew=P(ewgama);
    Tew=T(ewgama);
    pes=P(esgama);
    Tes=T(esgama);
    a(i,:)=[ergama,per,Ter,ewgama,pew,Tew,esgama,pes,Tes];
    i=i+1;
end

function [ss]=surplus(beta_)
c=beta_(1);
global g;
global w;
ss=log(((g/w)*c*((4-c-((4-c).^2-8).^(0.5))/2)).^(1/(1-c))*w/(2-((4-c-((4-c).^2-8).^(0.5))/2)))+1-((4-c-((4-c).^2-8).^(0.5))/2);
ss=-ss;
end

function [pi]=pi(beta_)
c=beta_(1);
global w;
```

```
pi=T(c)*(P(c)*(2-T(c))/w).^(c)-P(c)*(2-T(c));
end


function [pp]=P(beta_)
%P Summary of this function goes here
% Detailed explanation goes here
c=beta_(1);
global w;
global g;
pp=((g/w)*c*((4-c-((4-c).^2-8).^(0.5))/2)).^(1/(1-c))
*w/(2-((4-c-((4-c).^2-8).^(0.5))/2));
end


function [tt]=T(beta_)
%P Summary of this function goes here
% Detailed explanation goes here
c=beta_(1);
tt=2-c/2-((4-c).^2-8).^(0.5)/2;
end


function [rr]=Revenue(beta_)
%P Summary of this function goes here
% Detailed explanation goes here
c=beta_(1);
global g;
global w;
rr=((g/w)*c*((4-c-((4-c).^2-8).^(0.5))/2)).^(1/(1-c))
*w/(2-((4-c-((4-c).^2-8).^(0.5))/2))*(1-(4-c-((4-c).^2
-8).^(0.5))/2);
```

        rr=－rr;

    end

    function [ww]=Welfare(beta_)

    %P Summary of this function goes here

    %Detailed explanation goes here

    c=beta_(1);

    global g;

    global w;

    ww=log(((g/w)*c*((4-c-((4-c).^2-8).^(0.5))/2)).^(1/(1-c))*w/(2-((4-c-((4-c).^2-8).^(0.5))/2)))+1-((4-c-((4-c).^2-8).^(0.5))/2)+pi(c)+Revenue(c);

    ww=－ww;

    end

===

2. g=1,w:1－3 时的模拟结果展示

(1) γ_R^*、γ_S^* 和 γ_W^*

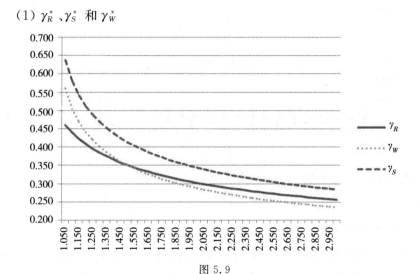

图 5.9

(2) p_R^*、p_S^* 和 p_W^*

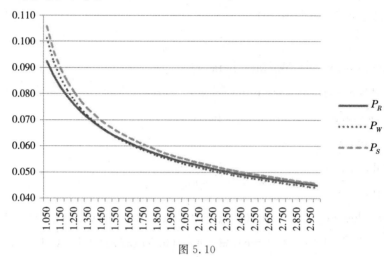

图 5.10

(3) T_{2R}^*、T_{2S}^* 和 T_{2W}^*

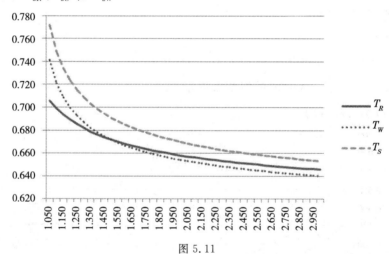

图 5.11

此外，g=2 的情况与 g=1 的情况几乎完全相同。

==

3. 具体数值列表

下面 9 列分别表示，最大化收益的 γ，收益最大化下的房价、工业用地比例，社会福利最大化的 γ、房价、工业用地比例，消费者福利最大化的 γ、房价、工业用地比例。

w	γr	Pr	Tr	γw	Pw	Tw	γs	Ps	Ts
1.050	0.460	0.092	0.706	0.555	0.101	0.739	0.637	0.106	0.772
1.100	0.439	0.087	0.699	0.502	0.092	0.720	0.579	0.096	0.748
1.150	0.422	0.082	0.693	0.466	0.086	0.708	0.540	0.090	0.734
1.200	0.408	0.079	0.689	0.439	0.081	0.699	0.511	0.085	0.723
1.250	0.395	0.076	0.685	0.418	0.077	0.692	0.488	0.080	0.715
1.300	0.384	0.073	0.682	0.400	0.074	0.686	0.468	0.077	0.708
1.350	0.375	0.071	0.679	0.385	0.071	0.682	0.452	0.074	0.703
1.400	0.366	0.069	0.676	0.372	0.069	0.678	0.437	0.072	0.698
1.450	0.358	0.067	0.674	0.361	0.067	0.675	0.425	0.070	0.694
1.500	0.351	0.065	0.672	0.351	0.065	0.672	0.414	0.068	0.691
1.550	0.344	0.064	0.670	0.342	0.064	0.669	0.404	0.066	0.688
1.600	0.338	0.062	0.668	0.333	0.062	0.667	0.394	0.064	0.685
1.650	0.332	0.061	0.666	0.326	0.061	0.665	0.386	0.063	0.682
1.700	0.327	0.060	0.665	0.319	0.060	0.663	0.379	0.062	0.680
1.750	0.322	0.059	0.664	0.313	0.058	0.661	0.372	0.061	0.678
1.800	0.318	0.058	0.662	0.307	0.057	0.659	0.365	0.059	0.676
1.850	0.314	0.057	0.661	0.302	0.056	0.658	0.359	0.058	0.674
1.900	0.310	0.056	0.660	0.297	0.055	0.656	0.354	0.057	0.673
1.950	0.306	0.055	0.659	0.292	0.055	0.655	0.349	0.057	0.671
2.000	0.302	0.055	0.658	0.288	0.054	0.654	0.344	0.056	0.670
2.050	0.299	0.054	0.657	0.284	0.053	0.653	0.339	0.055	0.668
2.100	0.296	0.053	0.656	0.280	0.052	0.652	0.335	0.054	0.667
2.150	0.293	0.052	0.655	0.277	0.052	0.651	0.331	0.054	0.666
2.200	0.290	0.052	0.655	0.273	0.051	0.650	0.327	0.053	0.665
2.250	0.287	0.051	0.654	0.270	0.050	0.649	0.323	0.052	0.664
2.300	0.284	0.051	0.653	0.267	0.050	0.648	0.320	0.052	0.663
2.350	0.282	0.050	0.652	0.264	0.049	0.648	0.316	0.051	0.662
2.400	0.279	0.050	0.652	0.261	0.049	0.647	0.313	0.051	0.661
2.450	0.277	0.049	0.651	0.258	0.048	0.646	0.310	0.050	0.660
2.500	0.275	0.049	0.650	0.256	0.048	0.645	0.307	0.050	0.659
2.550	0.273	0.048	0.650	0.254	0.047	0.645	0.304	0.049	0.659
2.600	0.271	0.048	0.649	0.251	0.047	0.644	0.302	0.049	0.658
2.650	0.269	0.047	0.649	0.249	0.047	0.644	0.299	0.048	0.657
2.700	0.267	0.047	0.648	0.247	0.046	0.643	0.297	0.048	0.656
2.750	0.265	0.047	0.648	0.245	0.046	0.643	0.294	0.047	0.656
2.800	0.263	0.046	0.647	0.243	0.045	0.642	0.292	0.047	0.655
2.850	0.261	0.046	0.647	0.241	0.045	0.642	0.290	0.047	0.655
2.900	0.260	0.046	0.646	0.239	0.045	0.641	0.288	0.046	0.654
2.950	0.258	0.045	0.646	0.237	0.044	0.641	0.286	0.046	0.653
3.000	0.257	0.045	0.646	0.236	0.044	0.640	0.284	0.046	0.653

第六章
区域招商引资竞争
——基于中国省级面板数据的实证检验

一、引　言

外商直接投资(FDI)在中国经济增长中起到了特殊的作用。很多年来,中国一直是吸引 FDI 最多的发展中国家。既有文献认为,FDI 至少会通过如下几个渠道促进中国经济发展。首先是弥补了中国的资本缺口,这一点在改革开放初期尤其重要。中国的劳动要素比较丰裕,因而引入 FDI 会降低中国的资本匮乏程度,进而提高整体的经济效率。其次是为中国"溢出"了先进技术和管理经验。按照经济增长理论的收敛假说,发展中国家之所以具有"后发优势",就是因为它们能够享受"技术溢出",即以更低的成本获得发达国家的先进技术;除了国际贸易、技术许可之外,FDI 被认为是发达国家向发展中国家进行技术溢出的重要渠道。这种技术溢出可能是通过上下游联系发生的,也可能是通过劳动力流动实现的。第三是改善了中国金融资源的配置效率。长期以来,中国经济增长的一个谜团是,为什么中国糟糕的金融体系并没有妨碍中国经济的高速增长?对此,有些学者认为FDI 可能起到了关键作用。其基本逻辑是,即便中国的正规金融体系难以判断哪些行业或者企业的生产效率更高,但是它们可以采取搭便车战略,将金融资源配置到与FDI相关的上下游产业中。原因很简单,FDI,特别是那些跨国公司,更有可能通过跨国比较知道中国的比较优势在什么地方。

上述观点能够在很大程度上解释,中国作为一个整体为什么具有很强的意愿吸引FDI,但却不足以解释中国各地区之间的激烈的招商引资竞争。长期以来,招商引资,特别是吸引大型跨国企业,在很多地方都是"一把手工程",而各地政府也为此推出了各种优惠政策。比如说,各地政府以产业扶持或奖励的名义从公共财政资金中给招商对象予以资金支持。再比如,尽管国家规定工业用地出让应通过公开招拍挂形式出让,但实际上地方政府往往"量身定做",通过设定限制性条款,将其他企业排除在外,从而使得引进企业顺利地以低价取得土地。很显然,这些优惠措施必然会让招商对象获得一定的竞争优势,而那些无法享受优惠政策的企业则处于不利地位,进而有可能产生一定的"挤出效应"。

前两章分析表明,在GDP锦标赛下,相互竞争的地方政府有积极性进行"恶性竞争"和"重复建设";而它们之所以这么做,其背后的逻辑都是为了降低竞争对手的"相对绩效"。实际上,同样的逻辑完全适用于本章将要分析的区域间招商引资竞争。不妨假设有某个大型跨国企业想到中国投资设厂,经过各种因素综合考虑,有两个可能的候选地区。此时某个地区若能吸引到该跨国企业,不仅直接提高了自己的GDP,而且还压制了另一个地区的GDP增长。所以不难预期,相对绩效评估权重越高,每个地区就越有积极性为该跨国企业提供优惠条件,比如改善基础设施等;但如果相对绩效评估权重太高,两个地区就会陷入竞相让利的"囚徒困境"。

在本章中,我们将基于中国全国范围及东部、中部、西部三大区域范围省份的面板数据,检验GDP相对绩效评估对地方政府招商引资的影响;同时,结合已有文献及中国现实情况,我们也同样会关注央地财政分权程度、公共品供给和经济发展水平等对招商可能具有重要影响的其他因素。

二、模型与数据

如前所述,在投资拉动型经济增长模式下,各地方政府的GDP竞争在很大程度上就演变成了招商引资竞争,而相对绩效评估权重越高,这种竞争就越加激烈。[①]进一步,考虑到企业经营乃至企业利润不但依赖于其私人投资,还取决于其所在地区提供的各种公共产品。所以,各地区都很清楚,要吸引外商投资,就需要通过"三通一平"、"五通一平"、"七通一平"[②]等方式来改善基础设施和营商环境。但这些措施都与地方政府的财力,与地方的经济发展水平以及央地分权程度密切相关。

在本章中,我们将基于省级面板数据来检验相对绩效评估和其他因素对招商引资的影响,下面将更加详细地介绍我们选取的数据和相应的计量模型。

(一)指标选取

1. 外商直接投资

按照 GDP 锦标赛的逻辑,地区间招商引资竞争的本质在于吸引外部投资(诸如央企),而不仅仅是要吸引外商直接投资。但从数据可获得性的角度看,FDI 是最方便获得的。此外,长期以来中国各级政府也对吸引 FDI 投入了特别的关注。进一步,考虑到不同省份的经济规模具有很大的差异,直接用 FDI 的绝对量并不能准确度量各地区的招商引资效果,具体而言,经济总量大的地区被夸大了,而经济总量小的地区被低估了。基于以上原因,本文将以各省的人均实际利用外商直接投资额($pfdi$)作为该地区招商引资效果的度量。

2. GDP 相对绩效指标

相对绩效评估是我们关心的核心变量。在概念上,要度量"相对"绩效,就必须先构造相应的"比较基准"。在本文分析中,我们首先会以全国的 GDP 增长水平作为比较基准,并以每个省份的增长率与其所得离差($devrate\_gdp$)来度量各地方政府的相对绩效。进一步,考虑到中国各地区

---

① 如果各地区之间进行的是 GNP 竞争,它们吸引 FDI 的动机就可能会大幅下降。
② "三通一平"指通水、通电、通路、平整土地;"五通一平"指通水、通电、通路、通气、通讯、平整土地;"七通一平"指通水、通电、通路、通邮、通讯、通暖气、通天然气或煤气、平整土地。

差异甚大,中央政府在考核相对绩效时,将两个资源禀赋和发展水平差异太大的地区(比如上海和西藏)进行比较并没有太大的意义。鉴于此,一个改进措施就是将中国分为东、中和西三个部分,并将每个省市与其所在大区平均增长率的离差作为其相对绩效的量度。我们预期,GDP 相对绩效对吸引 FDI 有正的影响。

3. 央地财政分权程度指标

参照既有文献的惯常做法,我们利用各省人均一般预算支出与全国人均一般预算支出的比值来度量央地财政分权的程度($decen\_fis$)。从概念上看,财政分权程度越高,各地方政府支配资源的能力越强,因而能够动员更多的资源用于招商引资竞争。所以,我们预期,财政分权指标对吸引 FDI 也具有正的影响。

4. 公共品供给指标

在经济发展过程中,公共品具有非常重要的作用。根据其产出性质,我们可以将公共品分为两大类,一种是生产性公共品,如交通、通讯基础设施等;另一种是消费性公共品,如教育水平、医疗服务水平等。

容易理解,增加和改善生产性公共品能够降低企业的经营成本,进而会提高对 FDI 的吸引力。在本章分析中,我们用各省铁路营业里程和公路里程与该省国土面积的比值(分别为面均铁路营业里程 $rail\_parea$ 和面均公路里程 $road\_parea$)来度量生产性公共品供给水平。

相对而言,消费性公共品的供给对吸引 FDI 的作用可能是比较模糊的。一方面,此类公共品可能会提高劳动者的生产效率,但考虑到企业之间的竞争,企业可能获益并不明显;另一方面,给定政府的财政收入,消费性公共品支出增加,则生产性公共品的支出就会减小。参照既有文献的做法,本章分析考虑了医疗和教育这两种消费性公共品,并用各省每万人拥有的普通高等学校在校人数来度量教育水平($pedu$),用每万人拥有的医生数来度量医疗水平($pmed$)。

如上指标反映的是基础设施存量水平的发展变动,在后面的稳健性检验中,我们将会在流量水平上即基础设施投资的变动来进一步验证公共品供给对 FDI 的影响作用。关于流量指标,结合统计年鉴中的定义,用人均交通运输、仓储和邮政业固定资产投资($pinvfix\_trans$)来度量交通方面的生产性公共品供给水平,用人均教育固定资产投资($pinvfix\_edu$)和人均卫生、社会保障和社会福利业固定资产投资($pinvfix\_med$)来分别度量教育和医疗方面的消费性公共品供给水平。

需要指出的是,关于公共品供给,张军等(2007)较为细致地讨论了为什么中国拥有较好的基础设施,但他们是用外商投资去解释基础设施的。本章的研究路径与他们恰好相反,即要研究基础设施建设等是如何影响招商引资的。也就是说,他们认为外商投资是影响中国基础设施水平的重要原因,而本章则要说明的是,地区基础设施水平是外资选址所考虑的重要因素。

5. 经济发展水平指标

FDI进入中国的动机很多。比如,可能是为了利用中国的廉价劳动力,也有可能是为了进入中国市场。一般而言,某个地区的经济发展水平越高,人们的购买力也就越强,故从市场角度来说,这会对FDI产生更大的吸引力。所以,如果要考察相对绩效对FDI的影响力,我们就必须对各地区的经济发展水平进行控制。参照通常的做法,我们用各省的人均GDP($pgdp$)来度量该地区的经济发展水平。实际上,按照本书前面章节的分析,人均GDP在一定程度上也度量了各地方政府对绝对绩效的关注。

(二)计量模型

基于本章所用省级层面的面板数据结构,同时考虑到每个省份都有一些不可观察的特征因素,我们预期,固定效应模型相对于随机效应模型更加合适(当然,这需要Hausman检验来证实),其基本模型设定如下:

$$pfdi_{it} = \alpha_i + x'_{it}\beta + \varepsilon_{it}$$

其中,下标i代表省份,下标t代表年份;$pfdi$表示人均外商直接投资额;x是解释变量向量,在后面依次进行的计量分析中,将会包括$devrate\_gdp$(相对绩效)、$decen\_fis$(财政分权程度)、$rail\_parea$(面均铁路营业里程)、$road\_parea$(面均公路里程)、$pedu$(每万人拥有的普通高等学校在校人数)、$pmed$(每万人拥有的医生数)、$pgdp$(人均GDP)、$pinvfix\_trans$(人均交通运输、仓储和邮政业固定资产投资)、$pinvfix\_edu$(人均教育固定资产投资)、$pinvfix\_med$(人均卫生、社会保障和社会福利业固定资产投资);α代表个体(省别)效应,ε 为随机扰动项。

(三)数据说明

本章使用了1995—2011年各省份的相应年度数据。其中,1995—2008年的数据来自于《新中国六十年统计资料汇编》、2009—2011年的数据来自于《中国统计年鉴》(2010—2012)和各省(直辖市)统计年鉴(2010—2012)。本章所考虑的30个省(直辖市)包括北京、天津、河北、山西、内蒙古、辽宁、吉林、黑龙江、上海、江苏、浙江、安徽、福建、江西、山东、河南、湖北、湖南、广东、广西、海南、四川、贵州、云南、陕西、甘肃、青海、宁夏、新疆、重庆。考虑到西藏特殊的地位和政策优惠,本章没有将其包括进去。

关于交通类、教育类和医疗类固定资产投资数据,为了避免人为归类误差,保持统计口径一致,我们在后面采用公共品供给流量指标的稳健性检验时仅使用了1998—2011年的数据。

各变量的描述性统计如下表所示。

表1 各变量描述性统计(全国范围)

Variable	Mean	Std. Dev.	Min	Max
pfdi	621.49	934.74	4.13	6223.33
devrate_gdp	0	1.92	−7.43	11.12
decen_fis	.93	.70	.36	4.71
rail_parea	174.45	147.52	12.74	795.29
road_parea	5151.06	4114.26	189.36	27317.24
pedu	99.91	79.46	9.88	398.82
pmed	17.74	8.07	1.06	54.45
pgdp	16288.94	15552.08	1587.71	88398.02
pinvfix_trans	966.87	916.69	101.13	6074.51
pinvfix_edu	181.89	130.81	14.15	798.53
pinvfix_med	73.30	66.47	.58	418.77

注:其中人均实际利用外商直接投资额、人均固定资产投资和人均GDP的单位是元/人,相对绩效是百分位数据,财政分权程度是比率数据,存量教育水平和医疗水平的单位是人/万人,面均铁路营业里程和公路里程的单位是公里/万平方公里。

三、计量结果与分析

我们首先利用整体样本在全国层面上定量估计GDP相对绩效及其他主要解释变量(央地财政分权程度、公共品供给、经济发展水平)对FDI的影响。然后,考虑到中国的大国特点和区域经济发展差异,我们将从三大区域(东部、中部、西部)对各主要变量的影响进行分组计量检验。

考虑到这是一个面板数据,我们分别按照固定效应模型(FE)和随机效应模型(RE)进行了估计,结果如表2所示。

按照Hausman检验的设定,原假设是说α_i与x无关,即不存在固定效应,这样利用固定效应模型与随机效应模型所估计的系数就不应该有显著差异。但如上表所示,Hausman检验明确拒绝了原假设,也就是说,假设我们的模型设定是正确的,则存在一些无法观察的、与每个省份所对应的固定因素会对FDI产生影响。所以,下面我们就以固定效应模型为准,阐释各变量的影响。

(一)相对绩效

从回归结果可以看出,除了中部区域,相对绩效都至少在10%的显著性水平上对吸引FDI具有正向影响。以全国范围为例,相对绩效(百分位数据)每提升1个百分点,亦即某省份经济增长率相对于全国平均水平每上升1%,会带来该省人均实际外商直接投资额15.75人民币的增加。这证实了本章的预期,在对地方政府GDP绝对规模的考核之外,本地区相对于全国(或区域)其他省份的经济增长差异,亦即本章所定义的相对绩效对各地区吸引外商直接投资也具有正向的激励作用。不过,在中部省份,相对绩效即使是在10%的显著性水平下,对吸引FDI也不具有显著影响。

表 2 基本模型估计结果

	全国范围 FE	全国范围 RE	东部区域范围 FE	东部区域范围 RE	中部区域范围 FE	中部区域范围 RE	西部区域范围 FE	西部区域范围 RE
pfdi								
devrate_gdp	15.75*	16.41**	41.54**	43.26**	1.87	4.92	34.91***	50.03***
	(8.26)	(8.20)	(18.19)	(18.02)	(4.43)	(4.55)	(11.07)	(10.6)
decen_fis	313.67***	413.79***	590.45**	606.45***	548.05***	164.84	−120.09	−33.08
	(83.26)	(61.30)	(141.46)	(98.01)	(151.25)	(104.41)	(130.81)	(69.13)
rail_parea	2.13***	2.78***	2.08**	2.53***	−1.03*	−1.42***	1.32	−.44
	(.56)	(.37)	(.86)	(.62)	(.59)	(.33)	(1.12)	(.37)
road_parea	.0068	.0036	−.019	−.0198	.0056	.015***	.0421***	.0433***
	(.0077)	(.0074)	(.016)	(.016)	(.0049)	(.0043)	(.012)	(.008)
pedu	−2.17***	−2.10***	−3.74***	−3.28***	1.16***	.57**	−2.67***	−1.44**
	(.52)	(.49)	(.97)	(.91)	(.34)	(.27)	(.79)	(.60)
pmed	−37.74***	−30.28***	−56.36***	−49.29***	5.56	−4.02	−.56	4.99
	(6.38)	(5.43)	(11.70)	(9.81)	(3.99)	(2.81)	(9.82)	(5.23)
pgdp	.033***	.031***	.049***	.046***	.0072***	.013***	.026***	.021***
	(.0025)	(.0024)	(.0052)	(.0047)	(.0023)	(.0019)	(.0052)	(.0046)
cons.	279.09*	−30.92	606.71	338.59	−268.90**	133.82*	−71.76	−126.81
	(166.93)	(111.66)	(420.48)	(258.40)	(122.83)	(73.55)	(177.28)	(89.86)
Obs.	510	510	204	204	153	153	153	153
P (Hausman)	0.0000		0.0158		0.0072		0.0000	

注:(1)表中括号内数字为稳健性标准误;(2)上标***、**、*分别对应1%、5%、10%的显著性水平。(3)东部区域包括北京、天津、河北、辽宁、上海、江苏、浙江、福建、山东、广东、广西、海南;中部区域包括山西、内蒙古、吉林、黑龙江、安徽、江西、河南、湖北、湖南;西部区域包括重庆、四川、贵州、云南、陕西、甘肃、青海、宁夏、新疆。(4)我们对分别单独引入生产性公共品(铁路和公路里程)和消费性公共品(教育和医疗水平)的模型也进行了估计,估计结果与同时引入生产性和消费性公共品类似,限于篇幅,此处没有报告。

(二)财政分权

除了西部区域,回归结果都至少在 5% 的显著性水平上支持了央地财政分权程度对吸引 FDI 的正向影响作用。以全国范围为例,央地财政分权程度(比率数据)每增加 1 倍,亦即地方政府人均一般预算支出相对于全国人均一般预算支出每增加 1 倍,会导致该地区人均实际外商直接投资额增加 313.67 人民币。这也证实了财政分权程度越高,各地方政府支配资源的能力越强,因而能够动员更多的资源用于招商引资竞争的判断。在西部省份,央地财政分权程度虽然对吸引 FDI 的影响作用为负,但并不具有统计意义上的显著性。

(三)公共品供给

对于以面均铁路营业里程衡量的生产性公共品供给水平,全国和东部区域范围的估计结果都表明,铁路营业里程的增加对吸引 FDI 具有正向影响,且分别在 1% 和 5% 的显著性水平上显著。以全国范围为例,在每万平方公里的范围内增加 1 公里的铁路营业里程会带来人均实际外商直接投资 2.13 人民币的增加。与预期不符的是,中部省份铁路营业里程的增加对吸引 FDI 具有负向影响,不过只在 10% 的显著性水平上显著。同时,面均公路里程只有在西部省份对 FDI 有显著的正向影响。

对于以人均高校在校学生数衡量的教育水平和以人均医生数衡量的医疗水平这类消费性公共品供给,全国、东部范围估计结果在 1% 的显著性水平上表明了消费性公共品对吸引外商直接投资的抑制作用,同时西部范围的医疗类消费性公共品的影响在 1% 的显著性水平显著。以全国范围为例,每万人所拥有的普通高等学校在校学生数和每万人拥有的医生数各增加 1 人,会分别导致人均实际外商直接投资额减少 2.17 和 37.74 人民币。如前所述,消费性公共品对 FDI 的影响作用是不确定的,具有一定的模糊性。因为消费性公共品相对于生产性公共品而言,不具有产出效应,其对生产性公共品的供给有一定程度的互补性,同时又具有替代性即挤出效应。

由于控制了交通基础设施,因此此时的挤出效应是相对于交通之外的生产性公共品而言的。从全国、东部和西部范围省份的情况来看,本章的回归结果表明消费性公共品的供给不利于吸引外商直接投资。不过,中部省份又表现得比较特殊,教育类消费性公共品供给在1%的显著性水平上对吸引外商直接投资具有正向影响作用,每万人所拥有的普通高等学校在校学生数每增加1人,会导致人均实际外商直接投资额增加1.16元人民币。

需要指出的是,由于现实中教育和医疗水平比较发达的地区也是交通基础设施等生产性公共品供给比较发达的地区,即经济发达的省份和都市,而这些地区的FDI是相对较高的,所以从本章的研究结论来看,这是由交通等生产性公共品对FDI的吸引力大于教育和医疗等消费性公共品的弱化作用所导致的。因此单纯从教育和医疗这一角度来分析对FDI吸引力可能会产生误导作用。事实上,在只考虑教育和医疗水平作为解释变量的模型中(限于篇幅,本章没有报告),教育水平和医疗水平与FDI是显著正相关的。

综合来看,在全国、东部和西部范围内,生产性公共品对FDI具有显著的吸引作用,而消费性公共品则具有抑制作用,至少以面均铁路里程衡量的交通这类生产性公共品,以人均高校在校学生数衡量的教育水平和以人均医生数衡量的医疗水平这类消费性公共品是如此。而中部省份的估计结果正好相反,有待进一步检验。

(四)经济发展水平

由回归结果可以看出,以人均GDP衡量的经济发展水平在全国和东、中、西部区域范围内,均对吸引外商直接投资有着显著的正向影响,且均在1%的显著性水平上显著。以全国范围为例,人均GDP每增加100元,会导致该地区FDI增加3.3元。这也验证了引力模型的逻辑和我们之前的预期,经济发展水平越高的地区对外商直接投资具有更大的吸引力。

四、稳健性检验

在基本模型中,我们度量的都是公共品供给水平的存量指标。接下来,我们将会采用地方政府对生产性公共品和消费性公共品的投资这一流量指标来度量公共品供给水平,进一步验证相对绩效及财政分权程度、公共品供给水平、经济发展水平等关键因素对吸引 FDI 的影响作用。

首先用人均交通运输、仓储和邮政业固定资产投资度量交通方面的生产性公共品供给水平;用人均教育固定资产投资和人均卫生、社会保障和社会福利业固定资产投资分别度量教育和医疗方面的消费性公共品供给水平,来进行面板数据的固定效应模型和随机效应模型估计。

考虑到基础设施投资变量可能会存在双边内生性问题,本章采用两种方法予以解决。一是采用各基础设施投资变量的一期滞后作为其代理变量来进行面板数据的固定效应模型和随机效应模型估计。二是采用基础设施投资变量的一期滞后作为公共品供给水平的工具变量,利用动态面板的广义矩方法(GMM)进行估计。

对于代理变量方法,我们采用人均交通运输、仓储和邮政业固定资产投资的一期滞后($L1\_pinvfix\_trans$)代理交通类生产性公共品供给水平;用人均教育固定资产投资的一期滞后($L1\_pinvfix\_edu$)代理教育类消费性公共品供给水平;用人均卫生、社会保障和社会福利业固定资产投资的一期滞后($L1\_pinvfix\_med$)代理医疗类消费性公共品供给水平。

对于 GMM 方法,我们采用人均交通运输、仓储和邮政业固定资产投资的一期滞后($L1\_pinvfix\_trans$)作为交通类生产性公共品供给水平的工具变量;采用人均教育固定资产投资的一期滞后($L1\_pinvfix\_edu$)作为教育类消费性公共品供给水平的工具变量;采用人均卫生、社会保障和社会福利业固定资产投资的一期滞后($L1\_pinvfix\_med$)作为医疗类消费性公共品供给水平的工具变量,并报告修正异方差的稳健性标准误。

稳健性检验估计结果如下表所示。

表 3　稳健性检验估计结果

pfdi	全国范围			东部区域范围			中部区域范围			西部区域范围		
	FE	FE	GMM	FE	FE	GMM	FE	FE	GMM	FE	FE	GMM
devrate_gdp	52.42***	54.30***	95.84***	142.44***	118.12***	303.81***	5.03	7.89	23.12***	63.71***	55.98***	58.65***
	(10.75)	(11.63)	(23.40)	(27.37)	(28.47)	(46.067)	(5.56)	(5.60)	(8.02)	(16.91)	(19.81)	(19.09)
decen_fis	340.04***	321.69***	217.94***	518.93***	542.09***	500.65***	388.04***	527.37***	−96.67	−66.73	−497.23**	−240.9***
	(86.20)	(92.98)	(77.11)	(128.19)	(140.86)	(93.79)	(200.72)	(235.98)	(94.30)	(194.97)	(212.35)	(87.33)
pinvfix_trans	.019		−.11	−.014		.11	−.12***		−.04	.15*		.18
	(.04)		(.08)	(.07)		(.11)	(.03)		(.11)	(.08)		(.12)
L1_pinvfix_trans		.06			.11			−.11***			.19*	
		(.05)			(.08)			(.04)			(.11)	
pinvfix_edu	−.74***		−.16	−1.73***		−3.47**	.41**		.79	−.75**		.95
	(.25)		(.86)	(.53)		(1.37)	(.18)		(.65)	(.38)		(.72)
L1_pinvfix_edu		−.71*			−1.26**			.43**			−.13	
		(.29)			(.56)			(.18)			(.61)	
pinvfix_med	−2.56***		−6.02***	−2.40***		−3.14	.88**		.73	−1.23		−4.37**
	(.49)		(1.86)	(.81)		(2.70)	(.42)		(1.24)	(.88)		(2.19)
L1_pinvfix_med		−3.13***			−3.74***			.50			−1.91	
		(.69)			(1.25)			(.51)			(1.32)	
pgdp	.044***	.042**	.068***	.052***	.045**	.054***	.014**	.014**	.01	.031**	.032**	.033
	(.003)	(.004)	(.005)	(.006)	(.006)	(.007)	(.004)	(.005)	(.014)	(.009)	(.01)	(.024)
cons	−183.9*	−170.6*	−257.0***	−125.9	−148.3	116.6	−204.1*	−282.2*	74.4	−82.6	165.6	−66.8
	(79.06)	(81.9)	(46.57)	(171.08)	(179.90)	(106.86)	(107.43)	(122.15)	(52.04)	(122.15)	(129.37)	(86.63)
Obs	390	390	360	156	144	144	117	117	108	117	108	108

注:(1)表中括号内数字为稳健性标准误。(2)上标***、**、*分别对应1%、5%、10%的显著性水平。(3)限于篇幅,随机效应模型估计结果此处没有报告。Hausman检验整体上支持固定效应模型。另外,我们也估计了以基础设施投资变量的二期滞后作为公共品供给水平工具变量的GMM模型,由于观测数较少,此处亦没有报告。

(一)相对绩效

在全国、东部和西部区域范围内,三个方面的稳健性检验均表明相对绩效在1%的显著性水平上对吸引FDI具有正向影响。中部区域范围内,与存量公共品结果类似,无论是以当期基础设施投资来度量还是以上期基础设施投资作为代理变量来度量公共品供给水平,相对绩效即使是在10%的显著性水平上,对吸引FDI也不具有显著影响。不过,用基础设施投资的一期滞后作为公共品供给水平工具变量的GMM估计结果显示,相对绩效对吸引FDI具有正向影响,且在1%的显著性水平上显著。

综上三个方面的稳健性检验,相对绩效对吸引FDI显著的正向影响作用相当稳健,与公共品存量指标的分析结论基本一致,这进一步证实了本章的预期,在对地方政府GDP绝对规模的考核之外,本地区相对于全国(或区域)其他地区的经济增长差异,亦即本章所定义的相对绩效对各地区吸引外商直接投资也具有正向的激励作用。

(二)财政分权

在全国和东部区域范围,三个方面的稳健性检验都在1%的显著性水平上支持了央地财政分权程度对吸引FDI的正向影响。

中部区域范围,前两个方面的稳健性检验都分别在10%和5%的显著性水平上支持了央地财政分权程度对吸引FDI的正向影响作用。用基础设施投资的一期滞后作为公共品供给水平工具变量的GMM估计结果则极不显著。相对于基本模型结论,财政分权对FDI吸引作用的显著性有所下降。

西部区域范围,代理变量方法检验表明央地财政分权程度对FDI在5%的显著性水平上存在抑制作用。同样,用基础设施投资的一期滞后作为公共品供给水平工具变量的GMM估计结果也反映出了这一现象,且在1%的显著性水平上显著。

综上三个方面的稳健性检验,在全国和东部区域范围内,财政分权程度对吸引FDI的正向影响作用相当稳健。相对于基本模型结论,中部区域范围内财政分权对FDI吸引作用的显著性有所下降;而西部区域范围的显著性上升,财政分权程度所反映的地方政府支配资源的能力在西部省份并没有对招商引资产生明显的促进作用,甚至存在阻碍作用。

(三)公共品供给

全国和东部区域范围内,交通类生产性公共品供给对FDI的影响不再显著,而教育类和医疗类消费性公共品对FDI的抑制作用依然稳健。如前所述,消费性公共品对FDI的影响作用是不确定的,具有一定的模糊性。从全国和东部省份的情况来看,稳健性检验结果表明消费性公共品的供给不利于吸引外商直接投资。

中部区域范围内,交通类生产性公共品供给对FDI抑制作用的显著性增强,而消费性公共品对FDI的吸引作用依然较为稳健。从中部省份情况来看,稳健性检验结果表明,与全国范围的结论相反,消费性公共品的供给有利于吸引外商直接投资,而交通类生产性公共品供给在一定程度上的抑制作用则不符合我们的预期,原因可能在于利用效率方面。事实上,中部省份虽然经济水平要比西部省份整体上发达,但是除了山西、河南、湖北等省份之外,其余省份的铁路和公路设施并不具有明显优势。当然,其中的问题和机制有待后续研究进行进一步挖掘和检验。

西部区域范围内,交通类生产性公共品供给对FDI的影响仍然部分显著,同时教育类消费性公共品对FDI的抑制作用显著性下降。从西部省份情况来看,稳健性检验结果表明消费性公共品的供给也不利于吸引外商直接投资。

(四)经济发展水平

在全国、东部区域范围内,三个方面的稳健性检验表明,经济发展水平对FDI的吸引作用相当稳健,而在中部和西部范围区域内,前两个方面的稳健性检验依然稳健,这也进一步验证了引力模型的逻辑和我们之前的预期,经济发展水平越高的省份对外商直接投资具有更大的吸引力。

五、本章小结

本章利用全国范围内省份和东部、中部、西部三大区域范围内省份的面板数据,对 GDP 相对绩效以及央地财政分权程度、公共品供给、经济发展水平如何影响外商直接投资进行了实证检验,计量分析基本上都支持了我们的理论预期结果。首先,GDP 相对绩效对于地方政府吸引 FDI 具有显著的正向激励作用。在全国范围和东部、西部区域范围的检验,表明 GDP 相对绩效对吸引外商直接投资具有正向的激励作用,而在中部省份则不明显。其次,在全国层面,或者经济相对发达的东部和中部范围,央地财政分权程度对 FDI 具有显著正的影响,但对于西部省份而言,央地分权程度提高反而会对它们吸引 FDI 具有一定的抑制作用。再次,交通类生产性公共品供给水平对吸引外商直接投资具有正的影响效应,而教育和医疗类消费性公共品供给水平则表现出一定的抑制作用。最后,正如理论分析所预期的那样,经济发展水平越高的地区对外商直接投资具有更大的吸引力。

第七章
结论及政策含义

央地分权是影响中国经济增长的非常关键的一个因素。改革开放之前,中国实行的是高度集中的计划经济,与政府相比,"市场"被极大地压缩了,企业和个人都缺乏灵活的自主权;而在政府科层内部,以计划委员会等为代表的中央政府又对地方政府进行着严格的控制。正是由于这样的双重控制,计划经济高度僵化,不管是个人、企业还是地方政府,都缺乏足够的经济激励,这最终导致了极其低下的经济效率。与之对应,改革开放以来,中国经济之所以取得巨大的成功,一个重要的原因就是进行了两种意义上的分权。一是以市场化导向为特征的横向分权,即国家通过引入市场机制,将本来由政府控制和安排的一些经济活动交由市场来做。从新制度经济学的角度看,我们可以将计划经济下的中国看成一个依靠中央政府"指令"运行的超级托拉斯,而这个托拉斯的规模显然超出了有效边界,此时引入市场机制必然会降低整个社会的交易成本,进而提高经济效率。另一个是政府科层内部的纵向分权,即中央政府将其部分决策权下放给地方政府。由于地方政府对地方经济运行有更加充分的信息,所以,适度的央地间纵向分权将有助于利用这种分散信息并提高资源配置效率。但从委托—代理理论的角度看,中央政府(作为委托人)与地方政府(作为代理人)的目标通常是有差异的,故在分权情形下,中央政府要想实现某个目标,其所制定的政策,即其所提供的合同就不但要满足地方政府参与约束,也要满足其激励相容约束。

如果没有合适的机制设计,就有可能出现"上有政策、下有对策"的尴尬局面。

　　本书第二章讨论了央地目标差异对最优纵向分权合同形式的影响。为了刻画央地目标差异,我们假设中央政府关心多个指标维度之间的"协调发展",而地方政府除此之外还有一些"小九九",关心与每个政策目标相关的一些"额外收益"。由此,中央政府在提供利润分成合同时面临着一个双重激励问题:第一,激励地方政府的"整体"努力水平;第二,激励地方政府采取相对均衡的努力水平,避免产业化短边的发生。如果只考虑第一种效应,我们考虑的问题就是经典的租佃制问题,没有什么创新之处。我们的贡献就在于讨论了中央政府与地方政府的目标差异对均衡利润分享比例的影响。一方面,地方政府追求额外收益的动机可以弱化中央政府面临的整体激励问题,因为从施政努力中,地方政府不但可以获得产业化利润分成,还可以获得一定的额外收益。但另一方面,额外收益动机却也可能会恶化中央政府的激励结构问题,因为地方政府有可能为了追逐额外收益而将施政努力投在产业化"长边"上,或者说导致非协调发展的产生。由此,我们得到的一个有趣结果是,均衡的利润分成比例与地方政府额外收益动机(这度量了央地目标差异的幅度)之间存在着一种非线性关系,即随着地方政府额外收益动机的增强,利润分成比例先下降,后增加,最后再下降。这或许可以解释,为什么简单的线性合同往往并不能解决因为央地目标差异而导致的各种政策实施问题。进一步,模型中的利润分成比例实际上可以看成"分税制"下地方所拥有的分成比例,故当中央与地方对某些问题(如 GDP 与环境质量)具有很大的评价差异时,中央要实现协调发展,就必须提高地方政府收益对协调发展的敏感度。以 GDP 和环境质量为例,要实现可持续发展,就必须更多地关注民众对经济增长成果的评价,因为只有他们才能对 GDP 的环境代价做出最为可靠的评价。

　　在第三章和第四章,我们从横向角度考察了央地分权的影响。这里所谓的横向体现在中央政府同时向多个地方政府放权,而这些地方政府之间又存在着激烈的竞争关系。但与一般的企业竞争不同,地方政府间竞争的特殊性在于它们通常面临着相对绩效评估,即中央政府会对各地方的绩效进行横向比较,并由此对它们进行相应的奖惩。在此基础上,我们考察了长期困扰中国经济发展的两个问题,即"恶性竞争"和"重复建设"。我们将"恶性竞争"定义为定价低于边际成本的情形,而"重复建设"则是指不同地区的项目雷同或者产业同构。

即便时至今日,中国各地方政府还是会通过国有企业来直接参与经济竞争,或者说,国有企业的许多决策实际上反映了其所在地区的政府意志。正因如此,为简化分析,我们以企业竞争来代替地方政府竞争,进而分析了相对绩效评估与恶性竞争和重复建设之间的内在逻辑关联。根据现实观察,我们考虑了两种类型的相对绩效评估,一种是基于产量的,一种是基于利润的。在原有计划体制下,"数量"是最为重要的考核指标,评判各地方的相对绩效就是看它们的相对产量大小。改革开放以来,中国经历了并仍在进行着从计划体制向市场体制的经济转轨,其中至关重要的一个转变就是政府将关注的重心从数量指标逐渐转向了由利润、增加值等所代表的效率指标。

第三章将相对绩效评估引入同质产品古诺博弈和斯塔科尔伯格博弈,第四章则讨论了相对绩效评估下差异化产品的区位—价格博弈。我们发现,不管采取何种定义,强化相对绩效都会加剧企业之间的竞争。但只有在基于产量的相对绩效评估下,恶性竞争才会出现,即某个企业才会定价低于边际成本。由此看来,以GDP锦标赛为特征的相对绩效评估就是造成地区间恶性竞争的重要原因。而对应于差异化产品模型,我们发现引入相对绩效评估能够很好地解释重复建设问题。其原因是,一旦相对绩效评估权重很强,每个企业就很有积极性采取"以邻为壑"的竞争策略,即通过缩小产品差异化以降低对手的绝对绩效而改善自己的相对绩效。基于这样的分析逻辑,降低相对绩效评估权重是解开重复建设"囚徒困境"的关键所在。为此,一方面,中央政府需要适当对地方官员的相对绩效进行考核;另一方面,政府应该切实推行"政企分开",弱化地方政府或官员干涉投资行为的权力。不过有趣的是,我们的理论分析并不支持完全取消相对绩效评估的做法,因为这会"矫枉过正",要么导致过高的市场价格,要么导致过度的产品差异化。

土地政策在区域竞争中扮演着极其重要的角色。一方面,提供廉价土地和配套基础设施是区域间招商引资竞争的关键举措;另一方面,从房地产市场得到的土地拍卖收入是地方财政的重要来源,而在投资拉动型增长模式下,地方财政是否丰裕就成为决定区域竞争的核心因素。根据中国的《土地法》,城市政府对城市全民所有制土地具有垄断权,这就为城市政府针对不同土地用途进行差别定价提供了制度基础。

第五章从土地财政的角度分析了多年来在中国颇为流行的"经营城市"模式。在我们看来,经营城市实际上包括两个相互关联的有机组成部分,一是土地引资,一是房产开发。尽管城市政府无法从土地引资中获得直接的收益,但增加工业用地(如用于基础设施建设)却会提高企业雇佣劳动的边际产出,进而在给定劳动工资的情况下,提高劳动雇佣量和居民的劳动所得,进而提高市场的房产需求;另一方面,增加工业用地意味着用于房产开发的土地减少,进而房产供给减少。需求面和供给面综合起来,增加工业用地必然会提高房产价格,进而会提高住宅用地的拍卖价格。但是,高房产价格却不一定意味着高土地财政,因为城市政府的土地出让金收入是单位住宅用地的拍卖价格和住宅用地的乘积。从土地财政的视角看,城市政府将选择合适的工业用地比例来最大化土地出让金收入。

我们发现的一个有趣的结果是,最大化土地财政的工业用地比例以及居民房产支出占总收入的比重都只与劳动的产出弹性有关,而与劳动工资和工业品价格无关。这种"无关性"结论表明,各地方在进行招商引资时,其设定的土地配置比例必须与当地的产业结构相对应,因为在不同的产业结构下,劳动产出弹性也会不同。

通过数值模拟,我们考察了经营城市模式下工业品价格和劳动工资的影响。结果表明,工业品价格提高或者劳动工资降低,房产价格和土地出让金收入会变大。这些结果可以为理解中国当前的房价和土地财政提供一定的洞见。近年来,随着新劳动法以及人口结构等因素的变化,劳动工资呈现出"外生性"的增长。与此同时,由于国际市场需求下降以及中国企业之间的竞争加剧,"中国制造"的产品价格也呈现出"外生性"的下降。我们可以推断,这些因素都会对房价和土地财政产生严重的下行压力。

在 GDP 锦标赛下,招商引资竞争、恶性竞争以及重复建设都服从类似的逻辑。给定一段时间内 FDI 的总量是相对固定的,那么,吸引 FDI 不但可以提高本地区的 GDP,还可以削弱其他地区的 GDP,进而提高本地区的相对绩效。基于此,在第六章我们利用省级面板数据,实证检验了 GDP 相对绩效评估、央地财政分权程度等因素对外商直接投资的激励作用。结果发现,相对绩效的确对于吸引 FDI 具有显著的正向激励作用,而财政分权的作用则显示出地区差异,在东部和中部能够促进 FDI 引进,但在西部却会产生抑制作用。这就表明,中国各地区之间存在着非常激烈的招商引资竞争。由于东部经济比较发达,一旦财政分权程度提高,东部地区的地方政府相对于西部地区的地方政府就会有更多的资源来招商引资。

与印度等其他发展中国家相比,中国经济更加成功的一个秘诀就是中国拥有更加良好的基础设施。我们的理论和实证分析表明,相对绩效评估以及由此引发的招商引资竞争,能够激励地方政府进行基础设施投资。但是,我们也应该看到,激烈的招商引资竞争往往会让各地方政府陷入竞相让利的"囚徒困境",不但将 FDI 所产生的社会福利完全让渡,甚至还会使得其他国内企业处于竞争的不利地位。

综合以上分析,我们认为,不管是要解决重复建设和恶性竞争问题还是避免招商引资的囚徒困境,协调建立地区之间的合作共赢机制都是至关重要的。

为此,国家需要适当降低相对绩效评估在地方政府业绩考核中的权重,进而从源头上削弱它们采取"以邻为壑"竞争策略的动机;其次,国家也要切实厘清政府与市场的边界,不要让官员的政治激励过多地扭曲其所在地区的经济选择。第三,国家应该构建一些区域合作平台来内化区域竞争的外部性。比如,就招商引资而言,国家可以采取税收分成、土地异地置换等方式开展区域间多种形式的合作,从而降低招商引资的交易成本和竞争成本,把招商引资导致的恶性竞争转变成良性互动,实现区域间的共赢。

参考文献

[1] Bai, C., Y. Du, Z. Tao, and S. Tong, 2004:"Local Protectionism and Regional Specialization: Evidence from China's Industries", *Journal of International Economics*, 63, pp. 397—417.

[2] Bester, H., A. De Palma, W. Leininger, J. Thomas, and E.-L. Von Thadden, 1996:"A Noncooperative Analysis of Hotelling's Location Game", *Games and Economic Behavior*, 12, pp. 165—186.

[3] Blanchard, Oliver., and Andrew Shleifer, 2001:"Federalism with and without Politi cal Centralization: China vs. Russia", IMF Staff Papers, 48, pp. 171—179.

[4] Breuss, F., and Eller, M., 2004:"The Optimal Decentralisation of Government Activity: Normative Recommendations for the European Constitution", *Constitutional Political Economy*, vol. 15(1), pp. 27—76.

[5] Cai, Hongbin and Daniel Treisman, 2005:"Does Competition for Capital Discipline Governments? Decentralization, Globalization and Public Policy", *American Economic Review*, 95(3), pp. 817—830.

[6] Cai, Hongbin, and Daniel Treisman, 2007: "Did Government Decentralization Cause China's Economic Miracle?"*World Politics*, forthcoming.

[7] Carmichael, L., 1988: "Incentives in Academia: Why Is There Tenure?" *Journal of Political Economy*, 96(3), pp. 453—472.

[8] Cheung, S., 1968: "Private Property Rights and Share Cropping", *Journal of Political Economy*, 76(6), pp. 1107—1122.

[9] Chevalier, J., and G. Ellison, 1997: "Risk taking by mutual funds as a response to incentives", *Journal of Political Economy*, 105(6), pp. 1167—1200.

[10] D'Asprement, C., Jaskold-Gabszewicz, J., and Thisse, J. F., 1979: "On Hotelling's 'Stability in Competition'", *Econometrica*, 47, pp. 1145—1150.

[11] Dasgupta, P., and E. Maskin, 1986: "The Existence of Equilibrium in Discontinuous Economic Games. I. Theory; II. Applications," *Review of Economic Studies*, 53, pp. 1—41.

[12] Dixit, A. K., and Stiglitz, J. E., 1977: "Monopolistic Competition and Optimum Product Diversity", *The American Economic Review*, 67(3) pp. 297—308.

[13] Dixit, Avinash, 1980: "The Role of Investment in Entry-Deterrence", *The Economic Journal*, 90(357), pp. 95—106.

[14] Economides, N. and Siow, A., 1988: "The Division of Markets Is Limited by the Extent of Liquidity (Spatial Competition with Externalities)", *The American Economic Review*, 78(1), pp. 108—121.

[15] Friedman, James W. and Thisse, J. F., 1993: "Partial Collusion Fosters Minimum Product Differentiation", *The RAND Journal of Economics*, 24(4), pp. 631—645.

[16] Gal-Or, E., 1982: "Hotelling's Spatial Competition as a Model of Sales", *Economics Letters*, 9, pp. 1—6.

[17] Gibbons, R., and K. Murphy, 1990: "Relative Performance Evaluation for Chief Executive Officers", *Industrial and Labor Relations Review*, 43(3), pp. S30—51.

[18] Hart, Oliver, Holmstrom, Bengt, 1987: "The Theory of Contracts, Advanced in economic theory", Fifth World Congress \[M]. Cambridge: Cambridge University press, pp. 71—155.

[19] Hart, Oliver D., and Tirole, J., 1988: "Contract Renegotiation and Coasian Dynamics", *Review of Economic Studies*, 55(4), pp. 509—540.

[20] Holmstrom, B., 1982: "Moral Hazard in Teams", *Bell Journal of Economics*, 13(2), pp. 324—340.

[21] Holmstrom, Bengt, Milgrom, Paul, 1990: "Regulating Trade among Agents", *Journal of Institutional and Theoretical Economics*, 146(1), pp. 85—105.

[22] Holmstrom, Bent, and Paul Milgrom, 1991: "Multi Task Principal Agent Analyses", *Journal of Law, Economics and Organization*, SpecialIssue.

[23] Hotelling, H., 1929: "Stability in Competition", *Economic Journal*, 39, pp. 41—57.

[24] Irmen, A., and Thisse, J.-F., 1998: "Competition in Multi-Characteristics Spaces: Hotelling was Almost Right", *Journal of Economic Theory*, 78, pp. 76—102.

[25] Jehiel, P., 1992: "Product Differentiation and Price Collusion", *International Journal of Industrial Organization*, 10, pp. 633—643.

[26] Jin, H., Y. Qian, and B. Weignast, 2005: "Regional Decentralization and Fiscal Incentives: Federalism, Chinese Style", *Journal of Public Economics*, 89, pp. 1719—1742.

[27] Ju, J. D., Wei, S. J., 2005: "Endowment Versus Finance: A Wooden Barrel Theory of International Trade", *IMF Working Paper*.

[28] Krugman, P. R., 1979: "Increasing returns, monopolistic competition, and international trade", *Journal of International Economics*, 9(4), pp. 469—479.

[29] Laffont, J.-J and D. Martimort, 2002: "The Theory of Incentives: the Principal-Agent Model", *Princeton University Press*, Princeton and Oxford.

[30] Lakonishok, J., A. Shleifer, and R. Vishny, 1992: "The Structure and Performance of the Money Management Industry", *Brookings Papers on Economic Activity (Microeconomics)*, pp. 339—379.

[31] Li, Hongbin and Li'An Zhou, 2005: "Political Turnover and Economic Performance: the Incentive Role of Personnel Control in China", *Journal of Public Economics*, 89, pp. 1743—1762.

[32] Lin Justin Yifu and Zhiqiang Liu, 2000: "Fiscal Decentralization and Economic Growth in china", *Economic Development and Cultural Change*, 49(1), pp. 1—22.

[33] Maskin, E., and Tirole, J., 1988: "A Theory of Dynamic Oligopoly, I: Overview and Quantity Competition with Large Fixed Costs", *Econometrica*, 56(3), pp. 549—569.

[34] Maskin, Eric., Yingyi Qian, Chenggang Xu, 2000: "Incentives, Scale Economies, and Organization Forms", *Review of Economic Studies*, 67, pp. 359—378.

[35] Milgrom, P., 1980: "Predation, reputation, and entry deterrence", *Journal of Economic Theory*, 27(2), pp. 280—312.

[36] Mohrman, Susa A, Cohen, Susan G and Mohrman, Allan M Jr, 1995: "Designing team-based Organization", San Franicsco, CA: Jossey-Bass Publishers.

[37] Montinola, G., Yingyi Qian, Berry Weingast, 1995: "Federalism, Chinese Style: the Political Basis for Economic Success in China", *World Politics*, 48, pp. 50—81.

[38] Musgrave, Richard Abel, 1959: "The theory of public finance: A study in public economy ", *published by McGraw-Hill* (New York).

[39] Nalebuff, B., and J. Stiglitz, 1983: "Prizes and Incentives: Toward a General Theory of Compensation and Competition", *Bell Journal of Economics*, 14, pp. 166—178.

[40] Neven, D., 1985: "Two Stage (Perfect) Equilibrium in Hotelling's Model", *Journal of Industrial Economics*, 33, pp. 317—325.

[41] Oates, W. E., 1972: "Fiscal Federalism", Harcourt Brace Jovanovich.

[42] Palley, T., 1995: "Safety in Numbers: A Model of Managerial Herd Behavior", *Journal of Economic Behavior and Organization*, 28, pp. 443—450.

[43] Palma, A. de, Ginsburgh, V., Papageorgiou, Y. Y., and Thisse, J.-F., 1985: "The Principle of Minimum Differentiation Holds under Sufficient Heterogeneity", *Econometrica*, 53(4) pp. 767—781.

[44] Piga, C. and J. Poyago-Theotoky, 2005: "Endogenous R&D Spillovers and Locational Choice", *Regional Science and Urban Economics*, 35, pp. 127—139.

[45] Qian, Y. and G. Roland, 1998: "Federalism and the Soft Budget Constraint", *American Economic Review*, 77, pp. 265—284.

[46] Qian, Yingyi and Barry R. Weingast, 1997: "Federalism as a Commitment to Preserving Market Incentives", *Journal of Economic Perspectives*, 11(4), pp. 83—92.

[47] Scharfstein, D., and J. Stein, 1990: "Herd behavior and investment", *American Economic Review*, 80(3), pp. 465—79.

[48] Shaked, A., 1982: "Existence and Computation of Mixed Strategy Nash Equilibrium for 3-Firms Location Problem," *Journal of Industrial Economics*, 31, pp. 93—96.

[49] Sirri, E., and P. Tufano, 1998: "Costly Search and Mutual Fund Flows", *Journal of Finance*, 53(5), pp. 1589—1622.

[50] Spence, A. M., 1977: "Entry, Capacity, Investment and Oligopolistic Pricing", *The Bell Journal of Economics*, 8(2), pp. 534—544.

[51] Stiglitz, J., 1974: "Incentives and Risk Sharing in Sharecropping," *Review of Economic Studies*, 41(2), pp. 219—255.

[52] Tiebout, Charles, 1956: "A Pure Theory of Local Expenditures", *Journal of Political Economy*, 64, pp. 416—424.

[53] Tsui, K. and Y. Wang, 2004: "Between Separate Stoves and a Single Menu: Fiscal Decentralization in China", *China Quarterly*, 177, pp. 71—90.

[54] Tsui, K., 2005: "Local Tax System, Intergovernmental Transfers and China's Local Fiscal Disparities", *Journal of Comparative Economics*, 33, pp. 173—196.

[55] Young, A., 2000: "The Razor's Edge: Distortions and Incremental Reform in the People's Republic of China", *Quarterly Journal of Economics*, 115 (4), pp. 1091—1135.

[56] Zhang, T. and H. Zou, 1998: "Fiscal Decentralization, Public Spending, and Economic Growth in China", *Journal of Public Economics*, 67, pp. 221—240.

[57] Zhang, Xiaobo and KevinH. Zhang, 2003: "How Does Globalization Affect Regional Inequality within a Developing Country? Evidence from China", *Journal of Development Studies*, 39(4): pp. 47—67.

[58] Zhang, Z. J., 1995: "Price-Matching Policy and the Principle of Minimum Differentiation", *Journal of Industrial Economics*, 43, pp. 287—299.

[59] Zhou, Li'An, 2002: "Career Concerns, Incentive Contracts, and Contract Renegotiation in the Chinese Political Economy", Ph. D. thesis, Stanford University.

[60] 林毅夫:《潮涌现象与发展中国家宏观经济理论的重新构建》,《经济研究》,2007年第1期,第126—131页。

[61] 林毅夫、巫和懋、邢亦青:《"潮涌现象"与产能过剩的形成机制》,《经济研究》,2010年第10期,第4—19页。

[62] 平新乔:《政府保护的动机与效果:一个实证分析》,《财贸经济》,2004年第5期,第3—10页。

[63] 沈立人、戴园晨：《我国"诸侯经济"的形成及其弊端和根源》，《经济研究》，1990年第3期，第12—19、67页。

[64] 苏力：《当代中国的中央与地方分权——重读毛泽东＜论十大关系＞第五节》，《中国社会科学》，2004年第2期，第42—55、205页。

[65] 王贤彬、徐现祥：《地方官员来源、去向、任期与经济增长——来自中国省长省委书记的证据》，《管理世界》，2008年第3期，第16—26页。

[66] 王永钦、张晏、章元、陈钊、陆铭：《十字路口的中国经济——基于经济学文献的分析》，《世界经济》，2006年第10期，第3—20、95页。

[67] 王永钦、张晏、章元、陈钊、陆铭：《中国的大国发展道路：论分权式改革的得失》，《经济研究》，2007年第1期，第4—16页。

[68] 徐现祥、李郇：《市场一体化与区域协调发展》，《经济研究》，2005年第12期，第57—67页。

[69] 徐现祥、李郇和王美今：《区域一体化、经济增长与政治晋升》，《经济学（季刊）》，2007年第6卷第4期，第1075—1096页。

[70] 徐现祥、王贤彬：《晋升激励与经济增长：来自中国省级官员的证据》，《世界经济》，2010年第2期，第15—36页。

[71] 徐现祥、王贤彬和舒元：《地方官员与经济增长——来自中国省长、省委书记交流的证据》，《经济研究》，2007年第9期，第18—31页。

[72] 银温泉、才婉如：《我国地方市场分割的成因和对策》，《经济研究》，2001年第6期，第3—12页。

[73] 张军、高远：《官员任期、异地流动与经济增长》，《经济研究》，2007年第11期，第91—103页。

[74] 张军：《中国经济发展：为增长而竞争》，《世界经济文汇》，2005年第3期，第101—105页。

[75] 张维迎、栗树和：《地区间竞争与中国国有企业的民营化》，《经济研究》，1998年第12期，第13—22页。

[76] 张维迎、马捷：《恶性竞争的产权基础》，《经济研究》，1999年第6期，第11—20页。

[77]张晏、龚六堂:《分税制改革、财政分权与中国经济增长》,《经济学(季刊)》,2005年第1期,第75—108页。

[78]周黎安:《晋升博弈中政府官员的激励与合作—兼论我国地方保护主义和重复建设问题长期存在的原因》,《经济研究》,2004年第6期,第33—40页。

[79]周黎安:《中国地方官员的晋升锦标赛模式研究》,《经济研究》,2007年第7期,第36—50页。

[80]周黎安、李宏彬、陈烨:《相对绩效考核:关于中国地方官员晋升的一项经验研究》,《经济学报》,2005年第1期第1辑,第83—96页。